Rhea Powers

Heimkehren ins Licht

Rhea Powers

Heimkehren ins Licht

ch. falk-verlag

Aus dem Amerikanischen
von Anna-Christine Raßmann

Titel der Originalausgabe:
Into The Light

9. Auflage 1996

Umschlaggestaltung: Manuela Rosenkind
Foto Rhea Powers: Lillian Gilden

Satz: Indragni, Ascheberg-Herbern
Druck: Druckerei & Verlag Steinmeier, Nördlingen

Printed in Germany
ISBN 3-924161-11-9

Inhalt

Widmung

Dieses Buch ist den Lehrern des Lichts gewidmet — ob sie sich gerade in einem Körper befinden oder nicht.

Vorwort

Dieses Buch soll dem Leser eine Einführung in den Prozeß des *Clearing* geben: die Befreiung verlorener Seelen, und zugleich die Möglichkeit, diesen Prozeß zu erlernen. Es richtet sich sowohl an Professionelle wie auch an Anfänger. Außerdem ist es die Geschichte meiner persönlichen Entwicklung von der Hausfrau zur geistigen Heilerin und Lehrerin, denn ich hoffe, du wirst dich auf deinem eigenen Weg weniger allein fühlen, wenn ich hier eine kleine „Reisebeschreibung“ von meinem gebe.

Ich bitte dich, diese Informationen nicht anzuwenden, bevor du das ganze Buch gelesen hast, und auch deine Freunde nicht mit gutgemeinten Clearing-Angeboten zu bombardieren. Die Menschen müssen selbst mit ihrer eigenen Heilung beginnen.

Die Teile des Buches, die Durchgaben sind, habe ich nicht redigiert. Sie sind als *Durchgabe (Guidance)* gekennzeichnet. Es sind Abschriften von Tonbandaufnahmen mündlicher Durchgaben einer Wesenheit, die sich Andon nennt. Die Aufzeichnungen der Sitzungen mit Klienten habe ich verkürzt, jedoch mehrere Wiederholungen darin so stehenlassen, weil ich glaube, daß wir alle durch Wiederholung lernen.

Im Augenblick leite ich überall in den Vereinigten Staaten und in Europa Gruppen und bilde Menschen zu geistigen Heilern aus, zusammen mit meinem Partner und geliebten Begleiter Prana.

Mein herzlicher Dank geht an Maurice Lamb für seine

Liebe und Unterstützung bei der Abschrift der Tonbänder und des Manuskripts dieses Buches. Die in Klammern stehenden Bemerkungen in den Aufzeichnungen der Sitzungen stammen von ihm.

Ebenfalls danken möchte ich meinen Kindern, Kurt und Kristin Wetzler, meinen Lehrern Emile Canning und Michael Barnett, sowie meiner Freundin auf dem Weg, Cynthia Whitcomb.

Einführung

Guidance

Viele Menschen, die du kennst, scheinen mehr als eine Person zu sein; das heißt, du kennst Menschen, die zeitweilig eine andere Persönlichkeit anzunehmen scheinen als die, die du von ihnen gewohnt bist. Manchmal übernimmt diese scheinbar andere Persönlichkeit ihre Handlungen und Ansichten und auch ihr Verhalten. Im psychoanalytischen Denkmodell wird dieses Phänomen gewöhnlich als Nebenpersönlichkeit behandelt. Es gibt viel Literatur zu diesem Thema der anderen oder Nebenpersönlichkeiten, die im Körper eines einzigen Menschen wohnen. Man nimmt an, daß diese Teilpersönlichkeiten symbolische Manifestationen der psychischen Blockaden eines Menschen sind. Das heißt, daß zum Beispiel infantiles Verhalten manchmal darauf zurückzuführen ist, daß die Hauptpersönlichkeit in einem bestimmten Bereich oder Gegenstand in ihrem Wachstum behindert oder gar von ihm abgeschnitten war. Dieses Buch postuliert, daß solche Verhaltensweisen scheinbar anderer Persönlichkeiten tatsächlich andere Persönlichkeiten sind, die zu anderen lebenden Wesen gehören, die in dem „Wirt" wohnen.

Wir möchten die Ansicht zur Wahl stellen, daß die sogenannten Nebenpersönlichkeiten tatsächlich getrennte Identitäten sind, die in dem Wirt leben. Diese anderen Persönlichkeiten gehören zu Wesen, die einst ihren eigenen physischen Körper hatten. Obwohl ihr eigener physischer Körper nicht mehr besteht, manifestieren sie ihre Persönlichkeit und oft auch ihr Verhalten weiter durch den Träger einer Wirtsperson. Von außen gesehen scheint der Wirt einfach Aspekte seiner Entwicklung nicht voll integriert oder entfaltet zu haben. Unsere Prämisse und unsere Beobachtungen und Beweise beruhen auf dem Wissen darum, daß Seelen nicht sterben und daß sie nach dem Tode ihres Körpers in einen anderen lebenden Körper hineingehen und eine Identität darin behalten können.

Wir sprechen hier nicht von dem klassischen Konzept der Besessenheit von Dämonen oder Teufeln. Wir sprechen von dem Phänomen von Wesen, die aus verschiedenen Gründen ihre Identität mit ihrer physischen Persönlichkeitsstruktur über die Existenz ihres physischen Körpers hinaus aufrechterhalten. Bei diesem Versuch, in ihrer Identität weiterzubestehen, bewohnen sie oft den lebenden Körper eines anderen Individuums. Diese stellvertretende Weise der Verlängerung ihrer eigenen individuellen Identität bringt den Menschen in Schwierigkeiten, der das fortgesetzte Festhalten dieser Wesen an ihrer physischen Identität über den Tod des eigenen physischen Körpers hinaus unterstützt.

Dieses Buch bietet eine andere Sichtweise an und kann vielleicht auf verschiedene Grade des Phänomens angewendet werden, das man als Schizophrenie bezeichnet. Wir bieten die Beobachtungen in diesem Buch als eine Möglichkeit und eine therapeutische Methode des Umgangs mit einem alten Phänomen an: „Manchmal kenne ich mich selber nicht"; „manchmal kommt es mir vor, als ob ich dich gar nicht kenne"; „ein Teil von mir scheint das eine zu wollen, und ein anderer Teil stellt sich dagegen." Seit Jahrhunderten haben Menschen große Gespaltenheit in sich erfahren; es ist möglich, daß diese Gespaltenheit real ist und auf die tatsächliche Anwesenheit von mehr als einer Wesenheit in einem Körper hinweist.

Dieses Buch geht von der Überzeugung aus, daß Übel nur im Denken des Betrachters existiert und daß es im Universum nur Gott und die vielfacettigen Ausdrucksweisen der Göttlichkeit gibt. Wir betonen also, daß wir nicht von Dämonen sprechen, die ein unschuldiges Opfer besessen halten. Wir diskutieren die Möglichkeit, daß Wesen über ihren Tod hinaus am Leben festhalten, indem sie das Bewußtsein einer lebenden Person bewohnen und ihr dadurch oft Schwierigkeiten und emotionale oder physische Krankheit verursachen. Diese Wesenheiten können geheilt und entlassen werden, was in dem Menschen, der sie, oft ohne es zu wissen, beherbergt, eine Heilung und Befreiung und persönliche Integration bewirkt. Der Prozeß ist einfach und der Nutzen für alle Beteiligten oft verblüffend. Wir stellen die Informationen und Techniken in diesem Buch zur Verfügung, um das Verständnis der multidimensionalen Aspekte des menschlichen Seins weiter zu fördern.

Teile dieses Buches sind Durchgaben, andere sind Beobachtungen und Fallstudien der Autorin. Wir bieten sie als eine mögliche Erklärung für die schwierige Situation an, die normalerweise als „Nebenpersönlichkeiten“ behandelt wird. Es ist eine Heilweise des Neuen Zeitalters.

Diese Wesen, die ihre physischen Körper verlassen haben, ohne sich jedoch aus ihrer Verhaftung mit der Identität und Persönlichkeit zu lösen, die in der physischen Manifestation wohnte, sind oft auf der physischen Ebene gefangen, weil sie ihren physischen Tod nicht akzeptiert haben. Es gibt verschiedene Gründe für dieses Nicht-Akzeptieren. Manche der Wesen erkennen nicht, daß sie gestorben sind. Andere wissen, daß sie gestorben sind, und fürchten sich so sehr davor, ins Licht zu gehen und in den Ozean des göttlichen Bewußtseins zurückzukehren, daß sie weiter an der physischen Realität festhalten und sich verbergen. Andere nehmen Gott ihren Tod übel und erkennen nicht ihre eigene göttliche Entscheidung für die Art oder die Zeit ihres physischen Todes. Diese Wesen tragen ihre Wut in den Menschen, der sie beherbergt, hinein, und dieser hält diese Wut und diesen Groll oft fälschlich für eigene Gefühle. In jedem der obengenannten Fälle wird in dem Wirt Verwirrung gestiftet, und er findet Emotionen und Einstellungen in sich, die nicht auf seine eigene psychische Entwicklung zurückzuführen sind. Die aufgenommenen Wesenheiten brauchen Hilfe, um weitergehen zu können. Dieses Buch will diese Hilfe geben.

Viele der Wesenheiten, die oft als „verlorene Seelen" bezeichnet werden, sind Kinder, die eines gewaltsamen Todes starben; diese verletzten Persönlichkeiten erfassen die karmischen Entscheidungen nicht, die zu der Form ihres Todes führten. Sie sehen sich als Opfer eines Schicksals, das jenseits ihres bewußten Einflusses liegt, und fürchten, daß sie ein ähnliches Schicksal erwartet, wenn sie sich in einem anderen physischen Körper inkarnieren. Deshalb wollen diese Wesen nur mit Widerwillen in ihrer Evolution weitergehen und fürchten sich vor dem Licht, das sie womöglich mit der Zeit in einen physischen Körper zurückbringt, wo sie vielleicht ein ähnliches Schicksal erleiden.

Mit all diesen Wesen kann man sprechen, und sie können

geheilt werden. Viele von ihnen brauchen einfach nur die Anwesenheit einer klaren Seele, die sie tröstet oder anerkennt oder sie versteht und ihnen hilft, ihrer Angst ins Auge zu schauen. Viele dieser sogenannten verlorenen Seelen fühlen die Schuld ihrer – von ihnen selbst als solche beurteilten – Missetaten, die sie begingen, während sie im Körper waren, und fürchten sich vor dem von ihnen erwarteten Zorn Gottes, vor dem sie sich verstecken. Diese Wesen müssen sich selbst ihre Taten vergeben und die Vergebung annehmen. Man kann auf dieselbe Weise liebevoll und verständnisvoll mit ihnen sprechen wie mit einem Menschen in seinem eigenen Körper. Diese Wesen können zum Nutzen aller Beteiligten geheilt und befreit werden.

Für die Gesundheit und das Wohlbefinden des Wirtes ist es offensichtlich nötig, diese Wesen zu klären und zu erlösen. Die Befreiung der unverkörperten Gäste aus dem eigenen Körper klärt das Bewußtsein, stabilisiert die Gefühle und ermöglicht spirituelles Wachstum und die weitere Evolution der individuellen Seele. Für die Wesenheit selbst bedeutet ihre Befreiung, daß sie wieder ihre wahre Identität als eine Seele annehmen kann, die viele Inkarnationen auf ihrem geistigen Weg durchläuft. Die Befreiung gestattet ihr, die ununterbrochene Bewußtseinserweiterung fortzusetzen, die das Ziel jedes Wesens ist, das sich in ein individuelles Bewußtsein stürzt. Das heißt, daß das individuelle Bewußtsein sich ursprünglich von dem Ozean des Bewußtseins, der Gott genannt wird, trennte, um die Myriaden von Möglichkeiten zu erfahren, die dem in phyischer Form eingeschlossenen, individuellen Bewußtsein zur Verfügung stehen. Diese Reise ist letztendlich für alle differenzierten Seelen ganz ähnlich. Das Ende der Reise ist die bewußte Heimkehr zu Gott. Es ist die Reise, auf der du dich selbst, der du dieses Buch liest, bei deiner Wanderung durch die irdischen Inkarnationen befindest. Der Nutzen, den das Gesamtbewußtsein des Planeten Erde zu dieser Zeit von der Befreiung dieser verlorenen Seelen hat, ist jedoch nicht zu übersehen.

Die Erde tritt zu diesem Zeitpunkt ihrer Evolution, wie viele bemerkt haben, in eine kritische Phase ein. Diese Phase der Evolution kann für die Erde als eine Wahl zwischen dem Eintauchen in die Dunkelheit und dem Aufstieg ins Licht der Wahrheit und ins höchste Bewußtsein gesehen werden. Die Kräfte, die das Bewußtsein ins Licht der Wahrheit heben wollen, sammeln Kraft auf der Erde. Das Erwachen und Sich-Erinnern vieler einzelner erleuchtet anderen den Weg, ihnen zu folgen. Menschen beginnen, ihre wahre Identität als Bewußtsein zu erkennen, das in physischer Form manifestiert ist. Die Befreiung dieser entkörperten Wesen wird die Klarheit und die Schwingung aller Wesen auf der Erde anheben, weil die Kanäle gereinigt werden, durch die das Göttliche in physischer Form manifestiert werden kann. Der Prozeß der Befreiung gefangener, verlorener Seelen kann daher eine Auswirkung auf die ganze Erde haben, die weit über die Wirkung auf die betroffenen individuellen Wesenheiten hinausreicht. Aus diesem Grunde bringen wir dir diese Information und hoffen, daß ihr Gebrauch den Fortschritt der Mächte des Lichts beschleunigen wird. Wir freuen uns über dein Mitwirken.

* * *

Diese Wesen, die ihren physischen Körper bei dessen Tod verließen, erkennen oft nicht, daß sie tot sind. Was sie erlebten, war ein Verlorensein. Viele haben das Gefühl, einfach an einem dunklen Ort zu warten. In Wahrheit wissen sie im allgemeinen, wie ihre Situation in Wirklichkeit ist; viele weigern sich jedoch, diese Wahrheit anzunehmen. Es gibt viele Gründe, weswegen sich Wesen weigern, zum Licht zu gehen.

Wie gesagt, sind viele der verlorenen Seelen Kinder, die eines gewaltsamen Todes starben. Diese Kinder sind sich entweder nicht darüber im klaren, daß sie tot sind, oder sie wissen es und fürchten sich aus dem einen oder anderen Grunde davor, zum Licht zurückzukehren. Es ist manchmal nötig, der verlorenen Seele klarzumachen, daß ihr Körper gestorben ist. Von ihrem Standpunkt aus fühlt es sich manchmal so an, als ob der Körper einfach davongeschwebt sei; in Wirklichkeit ist sie es jedoch, die aus dem Körper schwebte. Viele scheinen zu glauben, daß sie ihren physischen Körper noch haben; sie erleben ihre Realität, als ob sie noch in ihrem eigenen Körper wären. Nur selten erkennt ein Wesen nicht, daß es sich im Körper eines anderen befindet. Meistens wissen sie, daß sie da sind, und verbergen sich.

Die verlorene Seele, die durch die Hand eines anderen einen gewaltsamen Tod erfuhr, hat vielleicht das Gefühl, daß sie sich vor ihrem Mörder versteckt. Das Kind, das einen gewaltsamen Tod als Ergebnis einer Handlung hatte, die ihm verboten worden war, fürchtet sich oft vor der Strafe Gottes oder der Eltern für seinen Ungehorsam. In beiden Fällen muß man es beruhigen. Es muß seine Angst zum Ausdruck bringen dürfen und muß erleben, daß es verstan-

den wird. Was es wirklich braucht, ist ein Freund. Der Schmerz und die Einsamkeit des Verstecktseins sind oft fürchterlich. Die Erleichterung, endlich jemanden zu haben, mit dem es direkt sprechen kann, ist an sich schon befreiend.

Die ältere Person, die im Körper eines anderen wohnt, weiß gewöhnlich, daß sie gestorben ist. Diese Seelen halten entweder aus Wut oder manchmal auch aus Rachedurst an der Identifikation mit einem physischen Körper fest oder aus Groll darüber, daß sie so jung gestorben sind, und in dem Bestreben, ihr Leben zu verlängern oder die Projekte zu Ende zu führen, die sie sich für ihr Leben vorgestellt hatten. Gelegentlich hängt eine verstorbene Wesenheit an dem Wirt, um ihn zu beschützen oder zu seiner Führung beizutragen. Das ist oft die Motivation, die ein Eltern- oder Großelternteil dafür angibt, daß es die Verbundenheit mit dem Nachwuchs aufrechterhält. Auch mit diesen Wesen ist ein verständnisvolles Gespräch möglich. Vielen genügt es, wenn ihr Beitrag einfach anerkannt wird oder auch der Schmerz, den sie über ihren, von ihnen als unzeitgemäß empfundenen, Tod empfanden. Auch diese Seelen sind leicht zu befreien.

Die hartnäckigsten Wesenheiten sind die, die auf Gott wütend sind. Diese Wesen wissen um ihre Lage und haben nicht den Wunsch, zum Licht zurückzugehen.

Der Körper des Wirtes hat diese wandernden Seelen zu irgendeinem Zeitpunkt in sich willkommen geheißen. Die Eintrittsstelle ist gewöhnlich der Nacken oder ein anderes großes Gelenk, wie zum Beispiel die Hüfte. Die verlorenen Wesen bleiben, wenn sie den anderen Körper einmal betreten haben, darin, bis sie ganz daraus verschwinden; sie gehen nicht ein und aus. Es ist möglich, daß sie nur kurze Zeit bleiben, gewöhnlich sind sie jedoch viele Jahre oder sogar Lebenszeiten darin. Der Wirt hat sie oft an einem kritischen Punkt seiner eigenen Entwicklung hereingebeten. Er hat vielleicht in einer besonders leidvollen oder einsamen Zeit in seinem Leben um Hilfe gebeten und damit diese wandernden Wesen angezogen.

Der Wirt weiß gewöhnlich nichts von der Gegenwart der anderen Wesenheit. Manchmal sind sich Menschen der anderen Wesenheit in sich ganz bewußt, ohne jedoch die Realität ihrer separaten Existenz zu spüren. Das heißt, sie betrachten die andere Persönlichkeit als eine, die sie sich eingebildet haben. Sie sprechen vielleicht mit dem Eindringling oder interagieren mit ihm so, als ob sie mit sich selber sprächen. Das führt natürlich in gewissem Maße zu einem inneren Konflikt, denn der Mensch erfährt sich als innerlich gespalten. Manchmal ist der Wirt so mit der anderen Wesenheit verbunden, daß er sie nur widerwillig oder gar nicht gehen lassen will, aus Angst vor der Einsamkeit, die ihre Abwesenheit mit sich bringen würde. Gewöhnlich handelt es sich hierbei um kinderlose Frauen, die ein verlorenes Kind aufgenommen haben, oder um Menschen, die noch genauso an ihren übermäßig beschützenden Eltern hängen wie diese an ihnen. Wenn sich eine beiderseitige starke Abhängigkeit entwickelt hat, muß verstärkt an den Bedürfnissen des Wirtes gearbeitet werden, um ihn darauf vorzubereiten, die Wesenheit zu entlassen.

In allen Fällen führt gewöhnlich ein verständnisvolles Gespräch mit dem Wirt und dem Eindringling zu dem Punkt, wo sie die Notwendigkeit der Klärung und des Weitergehens einsehen. Es ist die Geschicklichkeit des verständnisvollen

Zuhörers, die darüber bestimmt, wie vollständig alle Beteiligten geheilt werden können. Dieses Buch wird diese Fähigkeit in dir entwickeln.

* * *

Du kennst vielleicht Menschen, die sich unter bestimmten Umständen anders verhalten, als du es von der Persönlichkeit, die du in ihnen kennst, erwartet hättest. Es gibt Augenblicke, da wird die Wirtspersönlichkeit von der Wesenheit in ihrem Inneren dominiert. Die Umstände, die das Verhalten der anderen Wesenheit auslösen, sind gewöhnlich solche, die im Leben der verlorenen Seele mit Spannung verbunden waren. Wenn sich also der Wirt in einer Situation befindet, die der anderen Wesenheit Angst macht, dann wird das Verhalten der anderen Wesenheit in ihm an die Oberfläche kommen. Die Gegenwart einer anderen Energie im eigenen Körper kann auch die Ursache für physisches Unbehagen und körperliche Krankheit sein. Die Gegenwart einer anderen Wesenheit kann tatsächlich die Ursache von Epilepsie sein. Wir betonen wiederum, daß wir hier nicht von Dämonen oder Teufeln sprechen, aber die Befreiung einer anderen Wesenheit aus dem physischen Körper eines Epileptikers kann die Epilepsie lindern oder gänzlich zum Verschwinden bringen. Die Gegenwart einer anderen Energie verursacht oder verschlimmert auch andere physische Krankheiten.

Außer dem physischen Unwohlsein, das die komprimierte Energie einer anderen Entität im Körper eines anderen verursacht, kommt der Wirt durch die Anwesenheit eines sol-

chen Wesens auch emotional und psychisch in Schwierigkeiten. Meistens äußert es sich in Verwirrung und Angst. Der Wirt erfährt oft die Angst der verlorenen Seele als seine eigene. Diese Menschen haben oft versucht, der Angst mit traditionellen therapeutischen Methoden beizukommen. Diese sind zwar nützlich, erfassen jedoch oft nicht den Kern des Problems. Traditionelle therapeutische Methoden schließen gewöhnlich nicht die Möglichkeit ein, daß sich eine andere Gegenwart im Innern eines Menschen befindet, die den Betreffenden in psychische Schwierigkeiten bringt. Die traditionelle Therapie sieht die andere Wesenheit vielleicht als Nebenpersönlichkeit. Das heißt, innerhalb der traditionellen Therapie existiert das Konzept, daß sich ein Teil der Persönlichkeit eines Individuums abspalten und ein ähnlich autonomes Eigenleben entwickeln kann wie die Kernpersönlichkeit. Dies ist ein nützliches Konzept, aber es umfaßt nicht die Realität, daß es tatsächlich autonome Persönlichkeiten in einem Wirtskörper gibt, die niemals Teil der Hauptpersönlichkeit waren. Es mag äußerst nützlich sein, eine abgespaltene Persönlichkeit, die sich unter Streß von der Hauptpersönlichkeit abspaltete, zu integrieren – der Versuch jedoch, eine separate, angsterfüllte Persönlichkeit in die Hauptpersönlichkeit des Wirtes zu integrieren, ist nicht sinnvoll. Diese Wesenheiten müssen befreit werden, um den Menschen, der sie berherbergt, vollständig zu heilen.

* * *

Es ist richtig, daß gewöhnlich ähnliche Umstände oder

sonstige Affinitäten der Auslöser dafür sind, daß die verlorene Seele in den Körper des Wirtes hereinkommt. Diese Umstände können verschiedener Art sein und werden von der Autorin noch besprochen. Obwohl eine solche Affinität besteht, kann die verlorene Seele jedoch nicht als Teil des Wirtes angesehen werden. Der Versuch, die Persönlichketi der verlorenen Seele in die Persönlichkeit des Wirtes zu integrieren, wird diesen deshalb nur in noch größere Schwierigkeiten bringen, da von ihm verlangt wird, Apsekte einer Persönlichkeit einzuschließen, die nicht seine eigene ist und für die er keine Verständnisgrundlage hat. Wir empfehlen Therapeuten daher, sich vor dem Versuch, eine sogenannte Nebenpersönlichkeit zu integrieren, zu versichern, daß die Persönlichkeit oder das Verhaltensmuster oder gefühlsmäßige Erleben, die integriert werden sollen, tatsächlich zu der Kernpersönlichkeit gehören.

Die Verwirrung, die die andere Persönlichkeit in dem Wirt verursacht, ist der häufigste und spirituell hinderlichste Nebeneffekt der Gegenwart einer anderen Wesenheit. Es ist ziemlich unmöglich für den Wirt, in Gegenwart einer anderen „Garnitur" von Emotionen und Erfahrungen im Inneren des eigenen Körpers spirituelle Klarheit und gefühlsmäßige Harmonie zu erreichen. Vom geistigen Standpunkt aus betrachtet ist der größte Schaden, den ein Individuum hat, das eine andere Seele mit sich herumträgt, daher der Verlust der eigenen geistigen Klarheit, der eigenen inneren Harmonie, des eigenen Seelenfriedens und der Harmonie zwischen seiner Seele und der Quelle allen Bewußtseins.

Die Befreiung des verlorenen Wesens bringt dieses in Harmonie mit der Quelle der Schöpfung. Sie bringt die Seele heim in den Ozean des Bewußtseins, der Gott genannt wird. Gleichermaßen wichtig ist jedoch die Harmonie, die die Befreiung dieser Wesenheit dem Menschen bringt, der sie vorher beherbergt hat. Die Klarheit des Bewußtseins und der Frieden auf emotionaler Ebene sind für den Wirt notwendig, um den eigenen Frieden mit Gott zu finden und sein Bewußtsein mit dem Schöpfer allen Lebens zu vereinen. Deshalb muß jeder, der sich bewußt auf einen geistigen Weg begibt, zuerst die Herrschaft über seinen eigenen Körper und Harmonie innerhalb seines eigenen Bewußtseins haben. Das kann nicht erreicht werden, wenn sich eine fremde Energie in seinem Körper befindet. Der größte Nutzen der Befreiung einer verlorenen Seele ist deshalb für den Wirt der, daß er auf seinem eigenen geistigen Weg zurück ins Licht voranschreiten kann.

Du lebst in physischer Zeit; die verlorenen Wesenheiten tun das nicht. Sie haben keine Vorstellung davon, wie lange sie schon in dem Körper eines anderen gewohnt haben. Oft sind sie mit dem Wirt durch viele Leben gegangen. In einem solchen Falle ist es für beide Teile schwierig, den anderen loszulassen. Manchmal erlebt der Wirt nach der Befreiung einer Wesenheit eine Zeit der Trauer, die besonders stark ist, wenn das Wesen viele Leben lang mit ihm war. Die Wesenheit ist vielleicht in einem früheren Leben ein geliebter Mensch gewesen, und der Wirt hat, wenn sie geht, das Gefühl, von einem seiner Lieben verlassen zu werden. Dieser Widerstand gegen das Loslassen ist verständlich; die Befreiung ist jedoch umso notwendiger, wenn die Verbindung über mehrere Leben hinweg bestanden hat.

Es mag vielleicht erstaunlich klingen, daß eine Wesenheit

einen Menschen mehrere Leben lang begleiten kann, wo doch der Körper nicht derselbe bleibt. Das Bewußtsein der Wesenheit verbindet sich mit dem Bewußtsein des Wirtes und nimmt genauso wie die sogenannten Seelenerinnerungen des Wirtes den neuen Körper an. Diese Seelenerinnerungen sind es, die es dem individuellen Bewußtsein ermöglichen, sich an frühere Leben zu erinnern, auch wenn es sich nun in einem anderen Körper befindet. Diese Seelenerinnerungen bleiben von Leben zu Leben in jedem Individuum bestehen. Sie sind die Quelle dessen, was man als Karma bezeichnet. In Wahrheit ist alles, was es gibt, der Augenblick. Alle Zeit findet gleichzeit statt. Ursache und Wirkung gibt es in Wirklichkeit nicht. Jeder Augenblick wird neu erschaffen. Aufgrund der Seelenerinnerungen hatte das Individuum jedoch seine Erfahrungen innerhalb der linearen Zeit. Innerhalb der linearen Zeit hat die Illusion von Ursache und Wirkung Realität. Das ist die Wurzel des Karma. Jenseits linearer Zeit gibt es keine Ursache und keine Wirkung. Die Meister, die ihr persönliches Karma hinter sich gelassen, transzendiert haben, sind über das Bedürfnis nach dem Konstrukt, das „Zeit" genannt wird, hinausgegangen. Sie sind „vom Rad abgestiegen", weil sie seine Illusion erkannt haben und aufhören, diese Illusion in ihrem eigenen Bewußtsein zu erschaffen.

Im Bereich der linearen Zeit sagt das Karma: „Ich habe dies getan, deshalb muß ich das tun." Die Gegenwart wird mit der Vergangenheit in Beziehung gesetzt. Das ist nicht richtig. Es gibt keine Vergangenheit. Es gibt nur Jetzt. Alle Zeit existiert gleichzeitig. Was wie eine Seelenerinnerung aus einem früheren Leben erscheint, ist nur eine Veränderung des Blickpunktes des eigenen Bewußtseins von der Identität, mit der man sein Bewußtsein assoziiert hat, zu einem anderen Aspekt seines Selbstes, der gleichzeitig in einem anderen Körper existiert. Das ist für den menschlichen Geist zu diesem Zeitpunkt seiner Evolution schwer zu verstehen: weil ja das Konstrukt der linearen Zeit vom kollektiven Bewußtsein erschaffen wurde, um die Realität aufrechtzuerhalten, als deren Mitwirkende sich die Menschen identifizieren. Verlorene Seelen sind nicht an die lineare Zeit gebunden.

Jede Seele ist ein Teil des universellen Bewußtseins. Jede Seele ist ein Mikrokosmos der Einheit, die Gott genannt wird. Gott ist überall gegenwärtig. Gott ist alles, was ist. Form ist eine Illusion. Form ist Gottes Spiel. Jene Wesenheiten, die an ihrer individuellen Persönlichkeit, an ihren Ängsten und ihrem Groll festhalten, klammern sich an eine Illusion. Sie sind Gott, genauso wie du Gott bist. Sie haben sich so mit ihrer Identität als individuelle Persönlichkeiten mit der Geschichte ihres Lebens verbunden, daß sie sich darin verloren haben. Sie sind verlorene Seelen, weil sie die Erfahrung dessen, was sie sind, verloren haben, nicht weil sie ihren Körper verloren oder sich auf dem Rückweg zu Gott verirrt haben. Die meisten Menschen sind verlorene Seelen. Die meisten Menschen haben sich so mit dem Körper und den Umständen ihres Lebens identifiziert, daß sie ihre wahre Identität als Tropfen im Ozean des Bewußtseins verloren haben.

Über jede verlorene Seele, die zur Wahrheit ihrer eigentlichen Identität zurückfindet, freut sich das Universum, rückt es der Wahrheit näher. Diesen Wesen zu helfen, zu Gott zurückzukehren und ihre wahre Identität zu entdecken, hilft dem Planeten und auch dem Individuum, das sie zu Gott zurückführt. Jedes Mal, wenn irgend jemand sich der Wahrheit seiner Identität als Bewußtsein, das augenblicklich in physischer Form manifestiert ist, erinnert, rückt das Universum der Wahrheit näher. Wahrheit spiegelt sich in der Vollkommenheit des Universums, und je mehr die Illusion sich der Wahrheit annähert, desto harmonischer wird die Illusion für alle.

Da die Wesenheiten sich so mit ihrer Persönlichkeit identifiziert haben, muß man sie zunächst so ansprechen, als ob diese Persönlichkeit die einzige Wahrheit wäre. Das Individuum braucht es, daß ein anderes Wesen um seine Gefühle weiß; weiß, das es verängstigt, wütend oder verletzt ist. Wenn man der Persönlichkeit die Möglichkeit gegeben hat, sich auszudrücken und zu wissen, daß ein anderes Wesen seine Erfahrung anerkennt, kann man anfangen, von der Wahrheit der individuellen Identität zu sprechen. Das heißt, wenn die Wesenheit zögert oder sich dagegen wehrt, den Wirt zu verlassen und ins Licht zu gehen, kann man sie daran erinnern, daß sie Gott ist und alle Gegebenheiten ihres Lebens selbst gewählt hat. Selbst der traumatische Tod wurde also aus einem bestimmten Grunde von ihrem eigenen höheren Selbst gewählt. Natürlich versteckt sie sich vor dieser Wahrheit und will wahrscheinlich nur zögernd wahrhaben, daß sie weiß, daß das, was geschehen ist, ihre eigene Wahl war; auf irgendeiner Ebene ihres Bewußtseins wird es sie jedoch erreichen und beginnen, das Verhaftetsein zu lösen. Nachdem man sie also als individuelle Persönlichkeiten angesprochen und ihnen das Mitgefühl gegeben hat, das sie brauchten, kann man die verlorenen Seelen nun als Manife-

station Gottes ansprechen und sie ermuntern, durch die Rückkehr dahin, woher sie ursprünglich kamen, ihr Schicksal zu erfüllen.

Der Weg zurück zu Gott ist der einzige Weg, den es gibt. Jedes individuelle Bewußtsein bewegt sich in dieselbe Richtung. Viele halten lange Zeit auf dem Weg zurück zur Wahrheit inne. Der Weg, wie gewunden auch immer, führt jedoch nur in eine Richtung. Leiden auf dem Wege werden von jedem Individuum selbst gewählt. Leid ist nicht nötig. Die Illusion des Karma kann überwunden werden, und der Weg kann schnell und voller Wonne sein. Wir wünschen dir alles Gute auf deinem Weg. Amen.

Kapitel 1

Das Folgende ist die wörtliche Abschrift einer Sitzung mit einer Klientin. Diese und andere Abschriften, die später im Buch verwendet werden, wurden liebevoll von Morey Lamb von Tonbändern abgeschrieben, die während authentischer Sitzungen mit typischen Klienten aufgenommen wurden.

Elaine ist leitende Angestellte in einem großen Unternehmen in Manhattan, das Unterrichtsprogramme erstellt. Sie ist Mitte dreißig, attraktiv, verheiratet, fröhlich und lebhaft. Sie kam zu mir, weil sie immer wieder unter heftigen Kopfschmerzen litt und durch die herkömmliche Medizin keine Erleichterung gefunden hatte. Nach der Sitzung verschwanden ihre Kopfschmerzen. Für mich ist es ein Wunder, wie sie es je geschafft hat, mit all diesen Dingen in sich normal in einer anspruchsvollen Stellung zu arbeiten.

Folgendes geschah während ihrer Sitzung:

RANDOLPH
25. Mai 1984, Manhattan

RHEA: ... Also, schau in deinen Kopf, schau, ob noch jemand anderer da ist, und wenn ja, dann soll er kommen und mit mir sprechen. Also, wer ist da? ... Wie heißt du? (Pause) Hmm? Wie heißt du? (Erneute Pause) Ist irgend etwas da, Elaine?
ELAINE: Da ist etwas.
RHEA: Komm und sprich mit mir. Wie heißt du?

ELAINE: (kaum hörbar) Randolph.
RHEA: Randolph?
RANDOLPH: Ja.
RHEA: Was machst du da? ... außer daß du Elaine Kopfschmerzen machst? Hm? Was machst du da?
RANDOLPH: Ich -- ich bin hier.
RHEA: Mmm -- aha. Was ist mit dir passiert?
RANDOLPH: (Randolphs Stimme ist zwar leise, aber intensiver und deutlich anders als die zuvor gehörten). Ich bin -- ich bin dunkel oder sowas oder schmutzig oder...
RHEA: Was?
RANDOLPH: Ich bin schmutzig.
RHEA: Du bist schmutzig?
RANDOLPH (undeutlich): M-hm -- ich bin -- ich bin --
RHEA: Was ist mit dir passiert? (Pause) Wie alt bist du, Randolph?
RANDOLPH: Sechs ...
RHEA: Ziemlich jung zum Sterben, hm?
RANDOLPH: Ja.
RHEA: Du bist aber gestorben, nicht?
RANDOLPH: Ja!
RHEA: Ja. Du klingst ziemlich -- wütend über das alles; ziemlich entschlossen. Was ist passiert? -- Wie bist du gestorben?
RANDOLPH: Sie haben mich zusammengeschlagen.
RHEA: Wirklich? Dich zusammengeschlagen?
RANDOLPH (fast flüsternd): Ja.
RHEA: Sie haben dich totgeschlagen?
RANDOLPH: (ein hohes Stöhnen, gefolgt von Weinen) Nein -- nein, sie -- sie haben mich zusammengeschlagen

und dann haben s-s-- sie mich erstochen ... (Wimmern)
RHEA: Wohin haben sie dich gestochen?
RANDOLPH: Ich weiß nicht ... (schmerzvolles Wimmern)
RHEA: Hmm?
RANDOLPH: Überall hin (weint) ... mit einer Mistgabel ...
RHEA: Laß es raus. Jetzt ist alles in Ordnung. (Randolph schluchzt). Laß es raus. Ja, laß es dich sehen; es ist alles in Ordnung -- wir sind hier. Ja -- atme einfach.
RANDOLPH: Ich bin wütend -- ich bin so wütend! Und ich ...
RHEA: Ja. Laß es raus. Laß es raus. (Randolphs Schluchzen wird heftiger.) Was wolltest du ihnen sagen. Sag's ihnen -- sag's ihnen.
RANDOLPH (schluchzt wütend): Ihr -- ihr seid überhaupt nicht -- besser als ich, ihr seid --
RHEA: Laß es raus.
RANDOLPH: Ihr seid -- ihr seid schlecht und böse, und ihr macht schlimme Sachen ...
RHEA: Gut.
RANDOLPH: ... mit Leuten, die es nicht verdient haben.
RHEA: Gut; laß es raus. Laß --
RANDOLPH: Und jetzt ... Ihr glaubt, ihr seid besser, weil ihr nicht die -- dieselbe Farbe habt wie ich -- und daß ihr mich in dieser Scheune gefangen habt -- und ihr glaubt, ihr könnt mit mir machen, was ihr wollt ... ihr -- ihr jagt mich, ihr treibt mich in die Ecke, und ich werde nicht gehen, und -- es ist mir e-gal, was ihr macht. Ihr -- ihr habt meine Familie verletzt, und ich gehe nicht, und es

ist mir egal, was ihr macht ...
RHEA: Laß es raus ... komm, du machst das toll.
RANDOLPH: Und ihr -- ich gehe nicht, ihr bringt mich nicht dazu. Ich gehe nicht. (Randolph schluchzt heftig)
RHEA: Ja. Atme weiter ...
RANDOLPH: Ich werde -- ich werde jetzt leben und -- ihr werde nicht ... und ihr seid schlecht, weil ihr euch hinter diesen Kostümen verstecken müßt ...
RHEA: Ja.
RANDOLPH: ... und ihr -- ihr -- ich bin bloß -- ihr -- ihr seid -- ihr habt meine Mutter verletzt und meine Schwester er-m-mordet, aber ihr kriegt mich nicht, und ihr könnt uns nicht davon abbringen ...
RHEA: Gut. Sag's ihnen. (Randolph schluchzt) Ja.
RANDOLPH: Und ich hasse euch!
RHEA: Ja. Sag's ihnen nur. Das ist okay. Laß den Körper zittern, wenn er will; das ist okay. Da ist so viel so lange da drinnen festgehalten. Du bist wütend, und du konntest nichts dagegen machen, nicht?
RANDOLPH: Nein. Ich -- ich hab' mich vor ihnen versteckt, aber sie -- sie haben mich gezogen -- sie haben mich herausgezerrt.
RHEA: Mm-hm.
RANDOLPH: Sie -- sie sagten, ich -- sie sagten, ich bin schlecht und schmutzig, und sie haben mich in -- in den Dreck geschmissen.
RHEA: Oh, nein.
RANDOLPH: Sie haben mich 'runtergehalten, und ich kann nicht atmen, und sie ... sie -- bringen mich um, und ich -- ich habe nicht -- ich habe überhaupt nichts getan.

RHEA: Hattest du Angst, daß sie vielleicht recht hatten -- daß du schlecht warst?

RANDOLPH: Ich -- ich bin nicht schlecht.

RHEA: Ich weiß, Randolph. Ich weiß, du bist nicht schlecht.

RANDOLPH: Ich bin bloß ... anders.

RHEA: Mm-hm. Was für eine Hautfarbe hast du?

RANDOLPH: Schwarz.

RHEA: Du bist schwarz; und deine Familie ist schwarz?

RANDOLPH: Ja.

RHEA: Und ihr seid gute Menschen. Und du hast deine Mama liebgehabt und deine Schwester auch, hm?

RANDOLPH: Meine Mama hat wirklich schwer gearbeitet, und ... und sie ist wirklich gut.

RHEA: Ja.

RANDOLPH: Und sie -- liebt mich. Und Mama sagt mir, ich soll nicht ... wütend sein und niemand hassen, aber ich -- ich -- ich bin wütend, weil sie ... sie gemein sind ...

RHEA: Ja.

RANDOLPH: ... und sie lassen sie Sachen tun, die sie nicht machen will.

RHEA: Mm-hm.

RANDOLPH: Und sie -- sie haben sie verletzt und meine Schwester auch und dann haben sie -- sie ...

RHEA: Dann haben sie was?

RANDOLPH: ... und dann haben sie mich verletzt, und sie --

RHEA: Das war ganz schön schlimm, was?

RANDOLPH: Ja ... ich habe ihnen nicht geholfen, aber ich wollte ihnen helfen.

RHEA: Du wolltest ihnen helfen können, stark genug sein, um ihnen helfen zu können?
RANDOLPH: Ja.
RHEA: Ich hab's verstanden, Schatz. Laß es raus; es ist in Ordnung, du kannst jetzt einfach weinen. Es ist in Ordnung. (Pause) Was noch? Was möchtest du noch sagen, hm? Möchtest du ihnen noch etwas sagen? Hm?
RANDOLPH (ganz leise): Ich hasse sie einfach. (Pause) Ich hab's nicht besonders gut gemacht.
RHEA: Du hast es nicht gut gemacht? Warum? Weil du sie gehaßt hast? Oder was meinst du?
RANDOLPH: Ich habe -- meiner Mutter nicht geholfen.
RHEA: Wenn du mit deiner Mama und deiner Schwester sprechen könntest, was würdest du ihnen sagen wollen?
RANDOLPH: Ich wollte helfen ... ich hab' das Gefühl, daß ich euch gegenüber versagt habe ... w-eil ich mich nicht bewegen konnte ... ich konnte nichts machen, damit sie aufhören, euch wehzutun ... (Randolph schluchzt).
RHEA: Du hast dich bloß versteckt und zugesehen? Und hattest Angst? -- Laß es raus. (Randolph wimmert.) Ja. Laß es raus. Mm-hmm. Laß es raus ...
RANDOLPH: Es tut mir leid, Mami.
RHEA: Ja -- laß es raus.
RANDOLPH: Ich hab' versucht, sie wegzuholen, aber sie haben mich nicht -- sie haben sie weggezerrt, Mami, sie haben mich nicht -- sie haben mich sie nicht festhalten lassen.
RHEA: (sehr leise) Laß es raus ... Laß es raus. (Randolph weint weiter heftig). Laß es raus, Lieber.

RANDOLPH: Ich hab's versucht, und dann hab' ich --- sie haben sie weggezogen ...

RHEA: Und was haben sie dann mit ihr gemacht? Hmm? (Randolphs Schluchzen geht heftig und herzzerreißend weiter, allmählich läßt es nach, hört aber nicht auf.) Ja ... Randolph, schau, ob deine Mama dir verzeihen kann.

RANDOLPH: Ich weiß, daß sie mir verzeiht, aber ich -- ich verzeih' mir nicht.

RHEA: Ich verstehe, Lieber. Und deine Schwester: kann sie dir verzeihen?

RANDOLPH: Sie haben sie ... so schlimm verletzt. Sie ist so klein und ... ich weiß, daß ich ihnen nicht helfen konnte, und dann wußte ich -- wußte ich nicht, was ich tun sollte, deshalb habe ich -- ich mich versteckt und konnte ihr Schreien nicht ertragen ... (tiefe Schluchzer) ich konnte ihr Schreien nicht ertragen, und ich habe mich versteckt und mir etwas über den Kopf gezogen ...

RHEA: Mm-hmm ... laß es raus.

RANDOLPH: Ich hätte ihr helfen sollen ...

RHEA: Was hättest du aber tun können -- hm? Was hättest du tun können? Du konntest nichts machen.

RANDOLPH: Ich habe sie gehauen und gebissen ... und sie haben mich einfach auf die Erde geschmissen -- und ich hab' versucht, zu ihr zu kommen, und ich konnte Amy nicht helfen, und sie hat versucht, zu mir zu kommen, und ich konnte nicht zu ihr...

RHEA: Mm-hmm. Ja. (Randolph sagt etwas Unverständliches durch sein hohes Schluchzen.) Was?

RANDOLPH: Sie hat nach mir g-gerufen ...

RHEA: Mm-hmm ... Laß einfach alles raus, Lieber. (Randolphs Schluchzen wird allmählich weniger heftig.) Randolph, ich möchte dir dafür danken, wie sehr du deine Mutter und deine Schwester geliebt hast, und ich möchte dir dafür danken, daß du versucht hast, ihnen zu helfen. Ich weiß, daß es schrecklich für dich war und daß du dich schlecht gefühlt hast. Und du hast dich dafür schlechtgemacht, daß du dich versteckt hast und das alles nicht aufhalten konntest. Und du sollst wissen, daß ich weiß, wie schrecklich es war, daß das passiert ist ... (Randolphs Weinen ist jetzt leise und eintönig.) Ja. Es war ganz, ganz schlimm. Sie waren ganz im Unrecht -- ganz im Unrecht, dir und deiner Familie das anzutun ... Was möchtest du noch sagen, Lieber? Hmm? ... Es war wirklich schrecklich frustrierend und furchtbar für dich, hm? Und du bist immer noch wütend auf sie.

RANDOLPH: Ich bin wütend.

RHEA: Ich hab's verstanden ... am liebsten würdest du ihnen die Nase einschlagen, was?

RANDOLPH: Ich kann ihre Gesichter nicht sehen; sie haben sie verdeckt.

RHEA: Was hatten sie an?

RANDOLPH: Sie haben -- sie haben Kapuzen auf dem Kopf.

RHEA: Mm-hmm.

RANDOLPH: Ich will nicht -- ich will nicht, daß sie meiner Schwester wehtun. Ich will nicht -- ich will größer sein, ich ...

RHEA: Ja ... Aber es ist jetzt alles vorbei, nicht?

RANDOLPH: Ja.

RHEA: Und wir können nicht zurück und es ändern, nicht?
RANDOLPH: Nein.
RHEA: Nein. Aber -- was?
RANDOLPH: Ich wollte sie festhalten und ihr sagen -- und ihr nicht wehtun lassen und --
RHEA: Was sie mit ihr gemacht haben --
RANDOLPH: Es ist zu spät.
RHEA: Ja, es ist zu spät.
RANDOLPH: Alles ist voller Blut, und sie haben sie verletzt, und sie haben mich gefunden, und sie bewegt sich nicht.
RHEA: Mm-hmm ... Etwas kannst du aber tun, Randolph ... du kannst zu Gott zurückgehen und ins Licht zurück und dir einen neuen Körper aussuchen, in dem du wiedergeboren wirst, dann kannst du in deinem eigenen Körper zurückkommen und groß werden und dafür sorgen, daß solche schlimmen Sachen nicht passieren. Du kannst den Menschen helfen zu lernen, daß das Unrecht ist, und kannst ihnen lernen helfen, sich zu lieben und sich so zu behandeln, wie deine Mutter dich behandelt hat ... Es ist jetzt besser. Aber wenn du hier in Elaine bleibst und wütend bist, kannst du nichts machen, und Elaine bekommt Kopfschmerzen davon. Es ist nicht gut; das willst du doch nicht ... Du kannst zu Gott zurückgehen und dir einen Körper aussuchen, der lange lebt, und erwachsen werden und schauen, warum du dir in diesem Leben mit deiner Mutter und deiner Schwester diese Lektion ausgesucht hast. Schau, warum du wolltest, daß das geschieht, und warum du dir dieses Leben ausgesucht

hast, und finde deine Mutter und deine Schwester und schau, ob es ihnen gut geht. Das ist jetzt zu tun. Und ich glaube, du mußt dich auch bei Elaine entschuldigen. Sie ist lange mit all diesen Sachen in sich herumgelaufen... Was sagst du, hm? Kannst du das machen? Meinst du, du bist groß und tapfer genug, das zu tun?

RANDOLPH: Es fällt mir schwer.

RHEA: Ja, ich weiß.

RANDOLPH: Ich will nicht aufgeben.

RHEA: Ich weiß. Es ist auch schwer, aufzuhören, wütend zu sein, hm?

RANDOLPH: Ja.

RHEA: Was geschehen ist, war unrecht, aber es hilft nichts, wenn du hier bist. Ich weiß, du hast das Gefühl, wenn du zu Gott zurückgehst, dann haben sie gewonnen, dann haben sie dich umgebracht und dich gezwungen zu gehen, aber du *bist* gestorben. Dein Körper ist tot, und du kannst hier nichts tun, außer Elaine Schwierigkeiten machen. Das Tapferste, was du machen kannst, ist, dich nicht mehr zu verstecken, ins Licht zurückzukehren und in einem Körper wiedergeboren werden, in dem du etwas tun kannst. Das ist jetzt zu tun. Wärst du bereit, das zu tun; meinst du, daß du dazu tapfer genug bist?

RANDOLPH: Ich glaube nicht, daß sie -- daß sie das wollen.

RHEA: Du glaubst nicht, daß die Leute lernen wollen, zu lieben?

RANDOLPH: Ja.

RHEA: Viele schon. Die Männer, die dich und deine Familie umgebracht haben, sind wahrscheinlich schon

tot, weißt du? Schon gestorben.
RANDOLPH: Es gibt bestimmt noch Leute wie sie.
RHEA: Ein paar, ja ... Aber da, wo du bist, kannst du nichts machen, und wenn du in einem eigenen Körper zurückkommst, kannst du etwas tun, damit es besser wird.
RANDOLPH: Werden sie auf mich hören?
RHEA: Manche schon. Du mußt die richtige Weise finden, es zu sagen .... Meinst du, du bist tapfer genug, das zu tun?
RANDOLPH: Ich glaube.
RHEA: Möchtest du also etwas zu Elaine sagen?
RANDOLPH: Ich glaube, sie ist sehr stark.
RHEA: Mm-hmm .... Was noch?
RANDOLPH: Ich glaube, sie denkt, daß sie -- Menschen nicht sehr liebt, aber das tut sie doch.
RHEA: Noch etwas?
RANDOLPH: Ich -- es tut mir leid, wenn ich sie unglücklich gemacht habe. Und ich brauche ihre Hilfe.
RHEA: Ja. Sie wird dir helfen, Liebling. Du bist wirklich tapfer, und du bist auch wirklich stark -- anders, als du es sein wolltest, aber du bist wirklich stark. Elaine, kannst du Randolph verzeihen?
ELAINE: Ja.
RHEA: Willst du ihm irgend etwas sagen?
ELAINE: Ich finde, er hat es wirklich -- wirklich gut gemacht. Ich finde, du bist wirklich stark, Randolph, und du hast deine Mutter und deine Schwester sehr geliebt, und sie wissen das und denken, daß du getan hast, was du konntest ... Und jetzt brauchst du nur zu gehen und in

einem neuen eigenen Körper zu sein, damit du ... die Welt für deine Leute und für alle besser machen kannst -- für alle, weil wir alle die gleichen Leute sind.
RHEA: Sehr gut.
ELAINE: Es tut mir leid, daß du in deinem letzten Leben so viel Schmerz erlebt hast. Es muß aber nicht mehr so sein.
RHEA: Sehr gut. So, Elaine, halte das Licht für ihn -- zieh auf der linken Seite deines Gesichtsfeldes eine Säule von weißem Licht herein. Randolph, wir segnen dich und schicken dich in Liebe und Frieden heim zu Gott, heim ins weiße Licht. Randolph, es ist dir vollkommen vergeben. Verlasse Elaines Körper jetzt. Geh ins Licht, Randolph -- geh mit den Engeln. Atme tief, Elaine, und laß ihn los. (Eine Pause, in der tiefes Atmen zu hören ist.) Zieh ihn herauf und laß ihn los. (Pause) Du kannst auch einfach deinen Kopf oben aufmachen und alle seine Energie hinauslassen. Laß einfach alles hinaus ... So, ist er weg?
ELAINE: Ja.
RHEA: Sehr gut. Ich zähle jetzt nur bis drei ...
(Das Tonbandgerät wird abgeschaltet).

* * *

Bevor weitere Aufzeichnungen von *Clearings* wie diesem folgen, möchte ich jetzt ein wenig von meiner Geschichte erzählen und wie ich zu dieser Arbeit kam.

Kapitel 2

RHEAS GESCHICHTE

Ich fuhr auf dem Highway I-70 nach Osten und dachte an die verhaßte Englischklasse, die ich vormittags in der dritten Stunde unterrichtete. Die High School, an der ich unterrichtete, war klein, und der Direktor hatte die ganze Fußballmannschaft in die dritte Stunde Englisch gesteckt, damit sie zum Nachmittagstraining auf dem Feld draußen sein konnten. Na, dachte ich, du hast doch das Est-Training gemacht, Rhea; warum haßt du diese Klasse? Die Antwort kam sofort: Ich habe Angst vor ihnen. Warum hast du Angst vor ihnen? Plötzlich legte sich mir, als ich so in meinem grünen Toyota über den Highway fuhr, eine andere Szene über die, die ich durch die Frontscheibe sah. Ich sah einen ausgemergelten halbwüchsigen Jungen, der von einer Bande von Stadtrowdies durch eine alte arabische Stadt gejagt wurde. Ich wußte, daß ich dieser Junge war. Als ich sah, wie ich aus der Stadt hinaus in die Wüste gejagt wurde, begann mein Herz laut zu schlagen. Als sie mich gefangen hatten und anfingen, auf mich einzuschlagen, bekam ich kaum noch Luft. Ich beobachtete, wie ich von diesen brutalen Kerlen totgeschlagen wurde, und erkannte die Energie wieder — es war die meiner Englischklasse.

Für die Verhältnisse in Missouri war ich zwar ziemlich liberal, und ich hatte auch am Tag zuvor in meiner ersten Rebirthing-Sitzung ein unglaubliches Erlebnis gehabt, aber eine Vision aus einem vergangenen Leben war doch mehr als verblüffend für mich; ich fragte mich sofort, ob ich noch ganz richtig im Kopf war. Trotzdem — es geschah ja, und das Gefühl des Wiedererkennens war so stark, daß ich beschloß, ein paar Techniken anzuwenden, die ich im Est-Training gelernt hatte. Na gut, Rhea, okay, nehmen wir mal an, das ist wirklich passiert. Was hättest du da wohl beschlossen? Die Reihe von Entscheidungen kam aus meinem Unterbewußtsein geflossen: „Nimm dich vor Rowdy-Banden in acht." „Wenn sie dich kriegen, bringen sie dich um." „Von solchen Jungen werde ich mich immer fernhalten." Kein Wunder, daß ich die Klasse haßte — ich hatte Angst, sie würden mich umbringen. Nicht, daß ich dachte, die Studenten meiner Englischklasse hätten sich reinkarniert, um mich in die Maisfelder von Missouri zu jagen und dort wieder totzuschlagen, aber ihre Energie ... die war mir vertraut.

Ich war nervös, als es zur Englischstunde klingelte. Ich stand vor der Klasse. Ich schaute der Fußballmannschaft in die Augen und wiederholte im Kopf das Mantra: „Sie sind es nicht, jetzt ist nicht damals, es ist jetzt. Du bist die Lehrerin, sie sind die Schüler. Sie werden dich nicht umbringen", und ich übernahm zum erstenmal die Verantwortung für die Klasse. Ich krempelte die Klasse um, und am Ende des Semesters war ich der Liebling der Fußballmannschaft. Sie waren nicht nur meine liebste Klasse geworden, sondern sie schnitten auch bei den jährlichen Prüfungen besser ab als in den letzten drei Jahren zusammen.

Als an diesem Frühlingstag im Jahre 1977 die Schule

aus war, fuhr ich, so schnell ich konnte, nach Hause auf meine Farm und rief meinen Rebirther in der Stadt an. Er kicherte nur, „nein, du bist nicht verrückt; du hattest nur eine spontane Erinnerung an ein Vorleben." Meine Abenteuerreise in vergangene Leben hatte angefangen.

* * *

Ein Jahr später wohnte ich im Süden von Kalifornien, arbeitete als Bedienung, nahm im dortigen College an einem Psychologiekurs teil und ließ mich zum Rebirther ausbilden. Rebirthing ist eine Technik, die von Leonard Orr entwickelt wurde und die den Atem dazu benutzt, in einem Menschen das Wiedererleben seiner Geburt auszulösen. Eines der Hauptziele von Rebirthing ist, die unbewußten Entscheidungen aufzudecken, die wir alle im Uterus oder während unserer Geburt treffen und die dann unsere Wahrnehmung der Realität bestimmen. Typische Thesen einer Lebensauffassung sind zum Beispiel: es ist schwer; Leben ist schmerzhaft; ich bin noch nicht bereit; ich will nicht, usw..

Seit dem Tag, wo ich auf dem Highway I-70 sah, wie ich in dieser arabischen Wüste totgeschlagen wurde, kamen immer wieder Erinnerungen an vergangene Leben in meinem Bewußtsein an die Oberfläche. Ich traf zum Beispiel jemanden und wußte plötzlich, wo ich ihn früher schon gekannt hatte. Gewöhnlich machte das Wiedersehen Freude. Gelegentlich geriet ich ohne erkennbaren Grund außer Fassung. Wenn ich das dann nicht auf etwas Gegenwärtiges zurückführen konnte, nahm ich mir immer Zeit, mich hinzusetzen, die Augen zu schließen und zum Beispiel zu fragen: „Was ist die Ursache dieser häßlichen Gefühle gegenüber Jane?" Gewöhnlich tauchte dann vor meinem geistigen Auge irgendeine Szene aus der Vergangenheit auf, und ich sah das Geschehnis, das meine Gefühle erklärte. Mehr als einmal verblüffte ich eine neue Bekanntschaft damit, daß ich ihm oder ihr tief in die Augen schaute und sagte: „Wenn du je irgend etwas mit mir gemacht hast, von dem du meinst, es hat mich verletzt, dann sollst du wissen, daß ich dir verzeihe." In Südkalifornien war es schon eher erlaubt, solche Sachen zu sagen, aber nicht viel mehr. Doch wenn ich spürte, wie die Spannung aus der Beziehung wich und die häßlichen Gefühle verschwanden, war ich gewillt, die befremdeten Blicke über mich ergehen zu lassen.

Manchmal war natürlich auch ich diejenige, die um Verzeihung bat. Ich erinnere mich, daß ich immer besonders besitzergreifend und eifersüchtig war, wenn Pam in der Nähe des Mannes war, mit dem ich eine Beziehung hatte. Meine Reaktion schien zu ihrem unschuldigen Verhalten nicht zu passen, deshalb „ging ich zurück, um mir das anzuschauen". Mein Unterbewußtsein brachte schnell ein Leben im alten Griechenland zum Vorschein, wo ich einer Rivalin aus purem Spaß am Gewinnen einen Liebhaber ausgespannt hatte. Ich schaute hinter die Erscheinung und die Persönlichkeit der Rivalin und erkannte das Wesen — es war Pam. Daß ich in diesem Leben eifersüchtig auf sie war, beruhte auf meiner Schuld aus dem anderen Leben. Ich befürchtete, daß sie Gleiches mit Gleichem vergelten würde.

Bei einer Tasse Kaffee auf der Einkaufspromenade der South Coast Plaza bat ich sie um Verzeihung. Das war zwar ein seltsames Anliegen, aber sie schien eine vergessene Wahrheit in meiner Geschichte zu erkennen und verzieh mir. Später freute ich mich, zu bemerken, daß meine irrationale Eifersucht verblaßte.

Ein anderes Mal war ich irritiert von der Anziehung, die eine Freundin auf mich ausübte. Ich wußte, daß ich nicht lesbisch war, aber ich konnte mir die Gefühle nicht erklären, die ich hatte, wenn ich mit meiner Freundin zusammen war. Ich arbeitete zu der Zeit als Teilzeitbedienung in einem Restaurant in Laguna Beach, und an einem Nachmittag, bevor ich zur Arbeit ging, beschloß ich, diesen beunruhigenden Emotionen auf den Grund zu gehen. Ich legte mich hin, entspannte mich und fragte mich dann nach dem Ursprung dieser eindeutig sexuellen Gefühle, die ich in Beths Gegenwart hatte. Ich sah mich als Mann, als spanischen Künstler am Ende des achtzehnten Jahrhunderts, hoffnungslos in mein schönes Modell verliebt. Ich hatte sie schließlich geliebt und verloren, aber nicht das Verlangen nach ihr, noch den Stachel in meiner männlichen Eitelkeit. Nachdem sie mich verlassen hatte, hörte ich auf zu malen, meine Leidenschaft für die Kunst wurde von der enttäuschten Leidenschaft für sie erstickt. Ich gestattete mir, diese Leidenschaft zu fühlen und auch die Trauer über den Verlust, die ich in meinem Stolz sogar vor mir selbst verborgen hatte.

Nachdem ich meine Tränen getrocknet und mich in meinem Bett aufgesetzt hatte, war das befremdende Gefühl der Anziehung gegenüber Beth einem Gefühl der Wertschätzung der Verbindung unserer Seelen gewichen, die über viele Leben hinweg eine Vielfalt von Rollen zusammen gespielt hatten. Kein Wunder, daß wir so gerne Spanisch miteinander sprachen!

An diesem Abend war ich im Restaurant besessen von der Idee, Künstler zu sein. Ich hatte mich nie über das hinaus, was ich brauchte, um durch die Grundschule zu kommen, künstlerisch betätigt. Ich hielt mich für jemanden, der nicht malen konnte, aber an diesem Abend verwandelten sich alle Messer und Gabeln, die ich in die Hand nahm, in einen Pinsel oder ein Stück Holzkohle, und jeder Teller wurde zur Palette für mich. Wenn die Kunden gewußt hätten, daß ich ihnen Kaffee statt Tee servierte, weil ich vor einer Leinwand im Madrid des achtzehnten Jahrhunderts stand und ein Portrait meiner Geliebten malte!

Ich konnte die Bilder nicht abschütteln. Auf dem Heimweg über den Pacific Highway fuhr ich deshalb nach der Arbeit an einem 24-Stunden-Supermarkt vorbei. Sie hatten, was ich wollte: einen Zeichenblock und Kohlestifte. Zu Hause setzte ich mich in meiner Bedienungs-Uniform mit gekreuzten Beinen auf's Bett und malte bis vier Uhr morgens ein starkes Portrait nach dem anderen, mit einer Leichtigkeit und einem Können, die ich mir nie hätte vorstellen können. Ich habe die Zeichnungen noch, aber ich hatte seitdem nicht mehr das Interesse oder die Fähigkeit, das Talent wieder hervorzuholen.

In Newport Beach hatte ich ein volles Leben. Zusätzlich zu der Arbeit und den Kursen war ich noch im dortigen Est-Zentrum aktiv, lernte neue Freunde kennen und war alleinerziehende Mutter. Meine Tochter kam gerade in die 6. Klasse, als wir nach Kalifornien zogen. Die Ozeanbrise war erfrischend, und wir waren glücklich, die Maisfelder von Missouri gegen den nahegelegenen Strand eingetauscht zu haben. Mein Sohn, der jetzt Achtklässler war, kam zu Besuch aus Brasilien, wo er bei seinem Vater lebte, und ihm gefiel es auch. Er beschloß, zu bleiben. Das Leben in unserer 2-Zimmer-Innenhof-Wohnung wurde noch lebendiger. Die Rebirthing-Arbeit machte mir Spaß, und in dem Maße, wie ich mehr Leute kennenlernte, kamen auch mehr Klienten.

Eines Tages sagte eine Rebirthing-Klientin, während sie in ihre Erfahrung im Mutterleib zurückversetzt war, plötzlich: „Diese Hexe, dieses Mal kriegt sie mich nicht; dieses Mal gewinne ich — es wird nicht wieder wie letztes Mal!“ Ich war verdutzt. Das war offensichtlich kein unbeschriebenes Blatt. Ich hatte mit der Zeit eine Methode entwickelt, an meinen eigenen Erinnerungen aus vergangenen Leben zu arbeiten, wenn sie heraufkamen, aber ich hatte noch nie mit jemand anderem in dieser Weise gearbeitet.

Instinktiv sagte ich zu Susan, sie solle zu dem letzten Mal zurückgehen, wo sie und ihre Mutter zusammen waren. Tief in dem veränderten Bewußtseinszustand, der durch das Rebirthing hervorgerufen wird, verlegte sie ihr Erleben sofort ins alte Ägypten und identifizierte ihre „Mutter“ als rivalisierende Priesterin im Tempel. Tastend führte ich sie so weiter, wie ich es mit mir selbst immer gemacht hatte, ließ sie anschauen, wie die Ereignisse in dem Leben abgelaufen waren, und ermutigte sie, die Emotionen so, wie sie heraufkamen, auszudrücken. Zuerst war es der Ärger darüber, daß irgend jemand es wagte, sie in ihrer Stellung anzugreifen. Dann kam Eifersucht über die Aufmerksamkeit und die Anerkennung, die die Neue bekam. Susans Hand ballte sich zur Faust, in der die Knöchel weiß hervortraten, als die alte Wut in ihrem Körper aufstieg — wie konnten sie es wagen, eine andere an ihre Stelle zu setzen! Schließlich weinte sie über den Verlust der Gelegenheit, Gott zu dienen und mit Menschen zusammen zu sein.

Nachdem sie die unterdrückten Gefühle voll erlebt hatte, schlug ich ihr vor, zu schauen, warum sie sich diese Erfahrungen geschaffen hatte, was sie dabei gelernt hatte, und ermutigte sie, der Frau, die damals ihre Rivalin und jetzt ihre Mutter war, zu verzeihen. Susan erkannte, daß sie sich dieses Leben geschaffen hatte, um zu lernen, die Gelegenheit zum Dienen zu schätzen. Sie sah, daß sie das Wesen, das später die Rolle ihrer Rivalin spielte, vor ihrem Eintritt in dieses Leben gebeten hatte, ihr zu helfen, diese Lektion zu lernen, indem sie ihr die Gelegenheit zum Dienen wegnahm. Dadurch, daß sie sah, wieviel weniger befriedigend es war, nicht zu dienen, stellte sie die Weichen für zukünftige Leben, in denen sie wählte, zu dienen.

Als der Prozeß abgeschlossen war, öffnete die Frau, die in Newport Beach, Kalifornien, auf meinem Bett lag, die Augen und starrte mich verwundert an. „Was war das?" Gut, wir waren nicht in Missouri, aber es war 1978, und selbst in Südkalifornien fühlte ich mich nicht bereit, über vergangene Leben zu sprechen. Ich antwortete ausweichend: „Das war nur so ein Prozeß. Was eben heraufkam. Lassen wir es einfach so sein und versuchen wir nicht, es zu verstehen." Ich wußte, was geschehen war, und hoffte, daß es ihr von selber dämmern würde, daß sie soeben ein früheres Leben als Priesterin im Tempel der Isis wiedererlebt hatte. Zufrieden mit der Erleichterung, die sie verspürte, wenn auch nicht mit meiner Erklärung, ging Susan ohne weitere Fragen weg. Ich war erleichtert. Ich hatte selber mehr Fragen als Antworten in mir.

Es ist eigentlich in vieler Hinsicht richtiger, zu sagen, daß sie dieses Leben zum erstenmal erlebte, als daß sie es wiedererlebte. Ich wußte aus meinem Est-Training, daß Widerstand gegen etwas dasselbe aufrechterhält. Ihr Stolz in ihrer Rolle als Priesterin hatte ihr nicht gestattet, die Wut und die Trauer darüber, daß sie von ihrer Rivalin abgelöst wurde, zu durchleben. Deshalb blieb die Feindseligkeit gegenüber dem Wesen bestehen, das damals ihre Nachfolgerin und jetzt ihre Mutter war.

In dem Schlafzimmer in Südkalifornien im Jahre 1978 erlaubte sie sich endlich, die Wut und Verletztheit zu spüren, die sie jahrhundertelang in sich vergraben hatte.

Ich hatte die Sitzung mit Susan als „interessant" abgetan, aber als sie mich drei Tage später anrief, war ich verblüfft. „Ich habe gerade meine Mutter besucht", berichtete sie, „und wir sind zum erstenmal in fünfunddreißig Jahren Freunde. Ich weiß nicht, was Sie neulich mit mir gemacht haben, aber es hat jedenfalls funktioniert! Vielen Dank!" Als ich den Hörer auflegte, kam ich mir ziemlich dumm vor, daß ich erst jetzt merkte, daß das, was bei mir funktionierte, auch bei anderen wirkte!

* * *

Jetzt hatte ich angebissen. Ich fing an, alles zu lesen, was ich über Reinkarnation, Rückführung und Rückführungstherapie finden konnte. Ich ließ mich von Leuten mit verschiedenen Techniken rückführen, nahm an Workshops teil und hörte Vorträge und entwickelte allmählich eine eigene Weise, Menschen in die Erfahrung ihrer früheren Leben zurückzuführen. Ich machte ein Tonband von der Entspannungsübung und der geführten Meditation, die ich für eine gute Einleitung hielt, und probierte sie an mir selber aus. Als es zu funktionieren schien — als ich einen Punkt, mit dem ich mich herumgeschlagen hatte, nach dem Loslassen der Emotionen und Entscheidungen aus einem Ereignis eines füheren Lebens geklärt hatte, fing ich an, die Methoden an meinen Freunden, meiner Familie und meinen Klienten auszuprobieren. In kurzer Zeit machte ich mehr Rückführungen als Rebirthing-Sitzungen.

1979 heiratete ich Hale. Er war Zahnarzt in Newport und interessierte sich sehr für die Arbeit mit früheren Leben und dafür, Seminare zu geben.

Als Teil meiner eigenen Ausbildung ging ich mit Hale zu einer Hypnose-Gesellschaft. Ihr Programm enthielt einen Vortrag einer berühmten Psychologin aus Nordkalifornien, Edith Fiore, die sich in ihrer Praxis auf

Rückführungstherapie spezialisiert hatte. Ich hatte ihr Buch *You Have Been Here Before* (Du bist schon einmal hier gewesen) gelesen, und ihr Ansatz gefiel mir. Nach dem Vortrag standen ein paar von uns herum und sprachen mit ihr, und sie wurde gefragt, ob sie schon einmal Fällen von Besessenheit begegnet wäre. Sie sagte ruhig, ja, das hätte sie erlebt, und empfahl ein Buch von Annabel Chaplin, das *The Bright Light of Death* (Das helle Licht des Todes) heißt. Ihre Worte klangen wie eine Botschaft von Gott. Ich besorgte mir in der nächsten Woche das Buch und las es noch am selben Tag.

Das Buch sprach mitfühlend über die anhänglichen verstorbenen Verwandten, die in den Körper eines ihrer Lieben hereinkommen und stellvertretend in ihm leben. Die entnervenden Auswirkungen dieser symbiotischen Beziehung wurden demonstriert und auch eine leichte Technik, wie man die sogenannten erdgebundenen Geister befreien und ins Licht schicken konnte.

Am nächsten Wochenende assistierten Hale und ich Freunden, die in einem Hotel in Santa Monica einen Workshop über Beziehungen leiteten. Es war einer der vielen Ableger von Est, und zu diesem Zeitpunkt der Evolution von Bewußtseinsseminaren hatten die Workshop-Leiter es sehr mit Katharsis. Einer der Leiter war ein Psychologe aus Princeton und der andere ein Theologe vom *Union Theological Seminary* (bekanntes theol. Seminar in den U.S.A., Anm. d. Übers.). Sie waren Freunde, und ich respektierte sie; sie hatten eindrucksvolle Zeugnisse. Ich gehörte zum Helferteam, half mit, die Räume herzurichten, Namensschildchen zu schreiben, die Teilnehmer in die Listen einzutragen und darauf zu achten, daß kein herumwandernder Hotelgast zufällig die Tür aufmachte und den Fluß des Seminars unterbrach.

Am Sonntagnachmittag lagen die Teilnehmer auf dem Boden und brachten ihre Wut auf ihre Eltern zum Ausdruck. Ich ging um die sich windenden Körper herum und paßte auf, daß niemand einen um sich schlagenden Arm ins Gesicht bekam. Mary fiel mir auf. Sie schrie, war rot im Gesicht und beschimpfte ihren Vater auf obszöne Weise. Ich hielt an und hörte zu, und mir war bald klar, daß der angesprochene „Vater" nicht ihr irdischer Vater war. Ich konnte nicht glauben, daß ich derselben etwas schüchternen Hausfrau zuhörte, die ich eineinhalb Tage lang kaum wahrgenommen hatte. Ich hatte noch nie jemanden „ausflippen" sehen, und obwohl ich nicht einmal wußte, was das heißt, hatte ich den Eindruck, daß Mary verrückt wurde. Ich ging weiter und dachte mir, die Leiter würden schon wissen, was sie taten. Schließlich hatten *sie* die Zeugnisse. Was wußte *ich* denn?

Die Energie in dem Raum näherte sich der Raserei. Ich bat darum, mit demjenigen den Platz tauschen zu dürfen, der den Eingang bewachte, und atmete wieder leichter, als ich in die Halle trat. Ein paar Minuten später ging die Tür auf, und der Psychologieprofessor, der den Workshop leitete, steckte den Kopf heraus. „Mary hat Schwierigkeiten. Jemand hat gesagt, daß du dich mit solchen Sachen auskennst. Würdest du mit ihr arbeiten?" Ich erstarrte vor Unglauben. Wenn er nicht wußte, was er mit ihr machen sollte, dann wußte es ja wohl niemand im Team, und irgend etwas mußte jetzt getan werden — aber wie sollte ich das übernehmen? Jemand mußte es tun, und ich war da. „Gott macht keine Fehler“, versicherte ich mir im Stillen, und nickte. Ich hatte eine Idee. Vielleicht war es kein Zufall, daß ich gerade das Buch gelesen hatte.

Zwei Männer halfen Mary aus dem Raum. Sie konnte nicht gehen. Ihre Augen waren nach oben gerollt. Speichel lief aus ihren Mundwinkeln, als sie ihre Flüche gegen „Vater“ murmelte.

Ich ließ sie sich hinsetzen und war froh, daß wir uns im Keller des Hotels befanden. Ich betete, daß niemand vorbeikäme. Ich setzte mich vor sie hin und ließ sie mir in die Augen schauen. Sie sahen glasig aus.

„Wer spricht?“ fragte ich.

„Ich“, antwortete eine tiefe, rauhe Stimme. Das war nicht die Stimme, die ich von Mary gehört hatte, als ich ihr am Morgen ihr Namensschild gab. „Beelzebub“, sagte die Stimme, die aus Marys Mund kam. Ich nahm all meinen Mut zusammen und antwortete wahrheitsgemäß: „Das glaube ich nicht; ich glaube nicht an Beelzebub oder Satan oder den Teufel. Es gibt nur Gott. Wer bist du also? Was steckt hinter all dieser Wut?“ Ich hielt die Luft an und vertraute, daß das, was ich in dem Buch gelesen hatte und was ich intuitiv wußte, richtig war.

Die Flüche verwandelten sich in Schluchzer — „Wie konnte Gott mir so etwas Schreckliches antun?“ „Was ist geschehen?“ — „Feuer. Ein fürchterliches Feuer -- das ganze Haus ging in Flammen auf! Wir hatten keine Chance, verdammt nochmal, keine Chance!“

„Wer war bei dir?“ — „Meine Frau, die Kinder ... wir kamen die Treppe nicht hinunter ...“ Er schluchzte weiter.

Schließlich fragte ich noch einmal: „Wie heißt du?" — „John". Die Schluchzer gingen in ein Wimmern über. „John, du kannst hier nicht bleiben. Du mußt zum Licht zurückgehen." — „Ich kann meine Familie nicht im Stich lassen. Ich gehe nicht." — „Wo ist deine Familie?" — „Wir sind alle hier. Es ist nur dunkel. Wie konnte Gott uns das antun?" Wieder liefen Tränen über Marys Gesicht, aber ich spürte die Erleichterung. Die aufgestauten Emotionen waren ausgesprochen. John trug seinen Kummer und seine Wut nicht mehr allein.

„John, ihr könnt alle zum Licht zurückgehen. Ihr könnt zusammen gehen. Wenn ihr dann bereit seid, könnt ihr in neuen Körpern zurückkommen. Ihr könnt als Familie wiederkommen, wenn ihr wollt."

„Wie kann ich dir trauen?" Einen Augenblick lang wurde ich unsicher. Ich hatte so etwas noch nie gemacht. Es war an allen Maßstäben gemessen, die ich je gekannt habe, grotesk. Konnte ich mir selber trauen? Hatte das Buch recht? Ich schaute auf Marys Körper, der auf dem Stuhl vor mir in sich zusammengesunken war. Wieder bat ich Gott im Stillen um Führung.

„John, wenn du hinschaust, weißt du es. Nicht, weil ich es sage, sondern weil du weißt, daß es wahr ist. Das hier ist Marys Körper. Es ist ihr gegenüber nicht fair. Dein eigener Körper ist gestorben. Du kannst nicht hierbleiben."

„Wir wollten nichts Böses tun." Johns Stimme war jetzt weniger rauh — der Ton war entschuldigend. „Ich habe das Licht gesehen. Es war wie das Feuer. Wir konnten da nicht hingehen ... ich war wütend ... ist es wirklich in Ordnung?" „Ja, John — bist du bereit?" — „Okay."

Ich erinnerte mich, so gut ich konnte, an die Meditation in Annabels Buch und sagte Mary, sie solle die Augen schließen und sich eine Säule von weißem Licht vorstellen. Im Stillen betend, ermutigte ich John, zu gehen, ins Licht zu gehen. Ich bat Mary, ihren Atem zu benutzen, um John zu entlassen. Marys Aussehen veränderte sich sichtbar. Ein Schauder durchlief ihren Körper, als John hinausging.

Wir gingen mit Johns Frau und den beiden Kindern durch denselben Prozeß. Mit jeder Befreiung veränderte sich Marys Energie. Ihr Körper setzte sich in dem Stuhl auf. Falten schienen aus ihrem Gesicht wegzuschmelzen. Als das letzte Kind gegangen war, öffnete Mary die Augen. Sie waren klar und funkelnd. Ungläubig lächelnd, fragte sie: „Ist das wirklich passiert, was ich meine, gerade erlebt zu haben?" Ich nickte, und sie fuhr fort: „Ich dachte schon immer, daß da etwas wäre ... ich hatte manchmal das Gefühl, als ob in mir ein Kampf stattfand ... aber das hätte ich nie erwartet."

„Wie fühlst du dich?" Mary hielt inne und holte dann tief Atem, als sie ihre Aufmerksamkeit ihrem Körper zuwandte. „Ich fühle mich herrlich." Unter ihrer verschmierten Wimperntusche sah sie strahlend und sehr lebendig aus. Sie wollte aufstehen, merkte aber, daß ihre Knie ein bißchen wackelig waren. Ich half ihr auf und geleitete sie durch die Halle in den Ruheraum. Ihr Körper schien ihr ungewohnt. „Ich fühle mich so anders", sagte sie immer wieder.

Sie ging zu dem Spiegel im Ruheraum: „Ich sehe anders aus." Und das stimmte. Es war natürlich dasselbe Gesicht, aber ihre ganze Energie hatte sich verändert. Sie schien irgendwie gegenwärtiger, lebendiger zu sein. Als sie sich das Gesicht gewaschen und ihre Haare zurückgestrichen hatte, sah sie blendend aus.

Mary war ungefähr 45 Minuten lang nicht im Seminarraum gewesen. Als wir die Tür öffneten und wieder hineingingen, saßen alle auf ihren Stühlen — Katharsis vollbracht. Alle drehten sich um und schauten Mary an, als sie hereinkam. Die Veränderung war offensichtlich. Alle klatschten. Mary wurde vor Verlegenheit und Freude rot, als sie sich wieder hinsetzte.

Ich saß noch immer in Verwunderung versunken in der Halle, als zur Pause gerufen wurde. Die Teilnehmer kamen einer nach dem anderen heraus. Mary kam und umarmte mich und ging dann, glücklich mit der Freundin schwatzend, die das Seminar für sie gebucht hatte, weiter. Die Leiter und der Rest des Teams kamen als nächste heraus. „Was ist passiert? Was hast du gemacht?" Ich erklärte, so gut ich konnte. Manche verstanden, andere waren sich nicht so sicher, aber das übereinstimmende Ergebnis lautete: „Was immer es war, es hat jedenfalls gewirkt."

Einer der Leiter umarmte mich und sagte, er sei froh, daß ich da sei. Ich war auch froh — froh, daß ich das Buch gelesen hatte, froh, daß die Psychologin mir empfohlen hatte, es zu lesen, und froh, daß Annabel den Mut gehabt hatte, es zu schreiben.

Am Ende des Tages kam Marys Freundin zu mir: „Ich kenne Mary seit sechzehn Jahren", sagte sie, „und ich habe noch nie erlebt, daß sie so gut aussah." An dem darauffolgenden Mittwochabend gab es ein weiteres Treffen zur Vervollständigung des Seminars. Mary meldete sich zu Wort, stand auf und erzählte der Gruppe, was seit dem Wochenende geschehen war. Sie hatte seit Jahren ein Lungenleiden. Die Ärzte hatten gesagt, es sei tödlich und unheilbar. Am Montag war sie zu einer Routineuntersuchung zum Arzt gegangen. Der Arzt hatte sie geröntgt und keine Spur der Krankheit gefunden.

Kapitel 3

Der Zwischenfall mit Mary war meine erste Erfahrung mit einem *Clearing*. Ich erkannte, daß der Prozeß ein ähnlicher war wie der, den man als Exorzismus bezeichnet, aber dieses Wort hat so viele Konnotationen, daß ich dafür lieber das Wort *Clearing* (dtsch. Klärung, Reinigung) wählte. Ich wußte, daß die gefangenen Wesen, denen ich begegnete, keine Dämonen oder Teufel waren, sondern gequälte Seelen, die auf Mitleid und menschliches Mitgefühl reagierten. Sie waren verloren, nicht böse. Wenn auch ihre Gegenwart oft unerwünschte Nebeneffekte hatte, so war es doch nicht wirklich ihre Absicht, dem Menschen, der sie beherbergte, zu schaden.

In den neun Jahren, seit Mary in jener Halle im Hotel in Santa Monica John und seine Familie entließ, habe ich weit über fünftausend verlorene Seelen befreit und viele Beobachtungen über den Prozeß angestellt. Ich bin kein Wissenschaftler, sondern Heilerin und spirituelle Führerin. Ich lebe jetzt in Manhattan und München und habe Klienten überall in den Vereinigten Staaten und in Europa. Die Arbeit hat mich, als ich mich ganz auf sie einließ, auf meinen eigenen spirituellen Weg gebracht. Nun, wo wir gemeinsam aus der spirituellen Zurückgezogenheit heraustreten, erzähle ich von diesem Weg. Wir alle heilen und führen einander. Ich erzähle meine Geschichte nicht, weil ich etwas Besonders bin, sondern weil wir alle besonders sind. Was ich getan habe, kannst du auch tun. Du wirst deinen eigenen Weg finden, so wie ich meinen gefunden habe. Ich erzähle nicht von meinem Weg, damit auch du diesen Weg gehen sollst, sondern um dich zu ermutigen, deinen eigenen Weg zu finden und ihm zu folgen. In dem Maße, wie wir uns selber heilen und befreien, können wir das auch mit anderen tun. *Clearing* ist eine Form des Heilens unter vielen. Es ist eine Form, die du leicht lernen und anwenden kannst. Ich habe keine wissenschaftlichen Daten, um die Wirksamkeit dieses Prozesses zu beweisen — ich weiß nur, daß er funktioniert.

Mehrere Monate nach diesem ersten *Clearing* brachte meine Tochter ihre Freundin Ann zu mir. Ann hatte, seit sie im Alter von sechs Jahren einen schlimmen Sturz von der Schaukel erlebt hatte, leichte epileptische Anfälle.

Meine Tochter hatte mit Anns Mutter vereinbart, die Anfälle zu zählen, die Ann während der Schulstunden hatte. Es waren immer mehr geworden, und zu der Zeit, als Kristin mit einer ziemlich schüchtern aussehenden Dreizehnjährigen an der Hand ins Schlafzimmer kam, hatte Ann durchschnittlich fünfzig kleinere Anfälle pro Tag. „Mammi, du mußt mit Ann arbeiten.“ Ich wußte, daß die Ärzte darauf warteten, daß Ann fünfzehn wurde, um eine Gehirnoperation durchführen zu können. Kristin hatte mir schon früher erzählt, daß sie Ann ohne die Operation eine 20%ige Chance gaben, weiterzuleben und eine normale Erwachsene zu werden; mit der Operation standen die Chancen 50:50.

Ich bat Ann, sich in dem bequemen Sessel niederzulassen, und Kristin und ich holten uns Stühle. Ich machte eine Entspannungsübung mit Ann, bat sie, sich vorzustellen, daß eine goldene Flüssigkeit durch ihren Körper floß, die nacheinander alle Körperteile entspannte. Als sie entspannt schien, bat ich sie, in ihren Körper zu schauen, ob noch jemand anderer da sei. Ann kicherte und sagte: „Ja, da scheint noch dieses ältere Mädchen zu sein ... " — „Laß mich mit ihr sprechen, Ann. wie heißt du?" „Jan", war die Antwort, die den erstaunten Ausdruck auf Anns Gesicht begleitete.

Ich begann ein Gespräch mit „Jan" und bekam das Folgende heraus: Jan war mit achtzehn an einer Überdosis von Drogen gestorben. Sie hatte in der Nachbarschaft Costa Mesa gelebt. Ihrem Vater zufolge war sie „schlecht" gewesen — hatte Drogen genommen, mit verschiedenen Männern geschlafen und die Schule verlassen, um sich eine schöne Zeit zu machen. Als sie die Überdosis nahm, beschloß sie, daß ihr Vater recht hatte und daß sie bestraft werden müßte. Sie sagte, sie kam in Ann herein, als Ann ihren Kopf verletzte, und daß sie Anns Körper dazu benutzt hätte, sich für ihre Schlechtigkeit zu bestrafen. „Ann muß bestraft werden, weil ich mich auf keine andere Weise bestrafen kann. Und Gott will mich nicht haben, bis ich ihm gezeigt habe, daß es mir leid tut, daß ich mein Leben so vergeudet habe." Als ich sie fragte, wie sie Ann strafte, sagte sie, sie hätte „sie weggehen lassen".

Wir sprachen noch eine halbe Stunde miteinander, und ich bat Jan, sich in ihren Vater hineinzuversetzen, um zu sehen, ob er ihr verziehen hätte. Das schien eine neue Idee für sie. Ich sagte ihr, sie solle ihren Vater vor sich stehen sehen und mit ihm sprechen. Sie erlebte nicht nur die Vergebung ihres Vaters, sondern auch seine Reue darüber, daß er so hart mit ihr gewesen war. Ich sagte ihr, sie solle geistig mit ihrem Vater kommunizieren, und sie sollten sich gegenseitig verzeihen. Tränen liefen über Anns Gesicht, als Jan sich endlich selbst verzieh. Danach entschuldigte sich Jan spontan bei Ann für die Schwierigkeiten, die sie ihr gemacht hatte. Etwas sicherer, daß Gott ihr gewiß vergeben würde, wenn es ihr irdischer Vater konnte, sagte Jan adieu und ging mit Hilfe der geführten Imagination ins Licht.

Ann ist jetzt eine hübsche junge Frau von zweiundzwanzig und erfolgreiche Collegestudentin. Nach diesem Nachmittag hatte sie meines Wissens noch nie wieder einen Anfall. Sie brauchte keine Operation.

Ehrlich gesagt, habe ich ihren Eltern nie davon erzählt. Ich wußte nicht, wie. Ann selber sagte nach der Sitzung, daß sie sich nicht trauen würde, das ihren Eltern zu erzählen, es sei „zu verrückt“. Anns Arzt gab ihr in der folgenden Woche andere Medikamente, und ihre Eltern und die Ärzte glaubten, diese neuen Medikamente hätten „das Wunder“ bewirkt. Wir wußten es besser, sagten aber nie etwas. Zwei Jahre später kam Ann bei der Geburtstagsparty meiner Tochter zu mir und sagte: „Sie wissen, daß Sie mir das Leben gerettet haben, nicht?“ Dann legte sie die Arme um mich und umarmte mich kräftig: „Danke!“

* * *

Als mir bewußt wurde, daß Ann geheilt worden war, ging ich durch eine von vielen Phasen, die ich „tiefe

Nacht der Seele" nannte. Nach der Arbeit mit Mary war ich erfreut und interessiert gewesen. Was geschehen war, schien größtenteils Zufall gewesen zu sein. Etwas mußte ja getan werden, und ich war einfach die gewesen, die da war und die Annabels Buch gelesen hatte. Ich fand es interessant, daß es geklappt hatte, und wunderte mich über das verblüffende Ergebnis. Ich freute mich, daß ich hatte helfen können. Mit Ann war es etwas anderes. Ich hatte sie von Epilepsie geheilt. Das konnte *ich* doch nicht. Als ich hörte, daß Anns Anfälle aufgehört hatten, war ich eher bestürzt als froh. Ich freute mich natürlich für sie, aber ich wollte mehr als irgend jemand anderer glauben, daß es an den neuen Medikamenten lag — ganz gleich, ob sie an dem Vormittag, bevor ich mit ihr arbeitete, Anfälle gehabt hatte und am Nachmittag, nach der Sitzung, keine mehr. Ich war verwirrt.

Ich hatte eine presbyterianische Erziehung gehabt, war in der Sonntagsschule gewesen, in der Ferien-Bibelschule, in der Jugendvereinigung. Ich hatte das Neue Testament gelesen. Auch wenn ich jetzt den Zyklus von Kirchenaustritt usw. durchlaufen hatte — erst hatte ich mich für einen Atheisten gehalten, dann für einen Agnostiker, dann für einen Unitarier, dann für einen Kongregationalisten, und schließlich hatte ich eine persönliche Synthese aus vielen östlichen und westlichen Religionen gefunden und betrachtete mich als spirituell bewußt, wenn auch nicht religiös aktiv. Trotzdem, ich wußte, daß nur Jesus „Dämonen" austreiben und Anfälle heilen konnte. Ich wußte, daß ich das nicht konnte. Und ich hatte es getan.

Tagelang zog ich mich in mich selbst zurück und brütete darüber nach. Ich ging meinen täglichen Pflichten nach, aber etwas brodelte in mir — ein Teil meines Bewußtseins war mit dem beschäftigt, was mit Ann geschehen war. Vielleicht war es Gotteslästerung. Ich hatte kein Recht dazu. Wer war ich, zu tun, was Jesus getan hatte? Es war nicht recht. Auch wenn ich seit Jahren nicht mehr in der Kirche war, begann ich zu merken, wie tief meine Vorstellungen darüber, was für normale Menschen möglich war und was nicht, in mich eingegraben waren. Ich war über das, was geschehen war, verstört, und schließlich setzte ich mich hin und fragte mich, was los war. Ein Schluchzer entrang sich meiner Brust, als die Antwort herauskam: „Ich will Jesus nicht verlieren."

Ich saß da in meinem Wohnzimmer und weinte und merkte, daß ich glaubte, wenn ich tun könnte, was Jesus getan hatte, daß Jesus dann in meinen Augen weniger besonders sein würde und daß ich mein Bild von ihm verlieren würde — daß ich irgendwie Gott verlieren würde. Ich saß da und hatte ein Gefühl, als ob ich einen Teil meiner Kindheit hinter mir ließ, als ob ich erwachsen würde, und das gefiel mir nicht. Dann kam mir aus dem Nichts plötzlich der Gedanke: „Was ich getan habe, werdet ihr auch tun und noch Größeres". Ich atmete erleichtert auf. Ich konnte tun, was Gott mir zu tun gegeben hatte, und trotzdem nicht die Besonderheit von Jesus und den anderen östlichen und westlichen Heiligen verlieren.

Letzte Ostern führte ich eine Gruppe von Christen in Kalifornien in eine Meditation. Wir riefen Jesus zu uns, und die Teilnehmer kommunizierten mit Seiner Essenz.

Eine Frau fragte Jesus, ob Er wirklich ein Mensch gewesen sei wie wir. Seine Antwort in der Meditation war: „Nein, ihr seid in Wirklichkeit wie ich.“

Allmählich kam ich dahin, alle die Gaben des Heilens und der außersinnlichen Bewußtheit als Stadien in der Evolution einer jeden Seele auf ihrer Reise zurück zu Gott anzusehen. Heute weiß ich, daß es für die spirituelle Weiterentwicklung entscheidend ist, sich nicht von dem Schauspiel auf dem Weg gefangennehmen zu lassen. Die Fähigkeit, zu heilen und übersinnlich wahrzunehmen — sei es mit Kristallen, Tarotkarten oder durch Astrologie und in Trance —, alles ist in dem Maße, wie wir erwachen, ein natürlicher Ausdruck unseres Selbst. Es gibt Meilensteine am Weg — aber keine Zielgeraden. Man kann sich genauso leicht für eine Hellseherin halten wie für eine Geschäftsfrau, anstatt zu erkennen, daß man ein Ausdruck göttlicher Energie ist, die in diesem Augenblick hellseherische Fähigkeiten offenbart. Viele der Meister gingen auf ihrem Weg zur Meisterschaft durch Stadien, wo sie hellseherische Fähigkeiten hatten. Im Hinduismus werden diese vergänglichen Gaben „Siddhis“ genannt und nicht allzu wichtig genommen. Sie sind eine Bestätigung dafür, wie weit man in diesem oder in anderen Leben schon gereist ist, aber kein Platz zum Anhalten. Es kommt immer noch mehr.

Kapitel 4

Meine Herkunft ließ in keiner Weise erkennen, wohin mein persönlicher Weg mich führen würde. Ich wuchs am Rande von Chikago in einer Familie der unteren Mittelklasse auf. Mein Vater war Werkzeug- und Farbenmacher und arbeitete in einer Fabrik. Meine Mutter war zu Hause und brachte es fertig, ihr Leben mit einem Sechs-Zimmerhaushalt und einer vierköpfigen Familie auszufüllen. Ich war zwölf, als mein Bruder geboren wurde, und war so den Großteil meiner Kindheit ein Einzelkind.

Wie viele Kinder hatte auch ich einen „imaginären Freund", eine Freundin eigentlich. Es war ein Engel. Ich befand mich in guter Gesellschaft bei ihr. Meine Mutter war so nett, sich nicht über sie lustig zu machen; sie deckte sogar bei Tisch ein Gedeck für sie mit, wenn ich sie darum bat. Ich mußte meine Limabohnen essen, auch wenn der Engel sie nicht aß. Sie verschwand, als ich ungefähr fünf Jahre alt war. Eines der traumatischsten Ereignisse meiner Kindheit war, als buchstäblich mein Luftballon zerplatzte. Meine Mutter hatte mich mit in die Stadt genommen und mir einen großen gelben, gasgefüllen Luftballon gekauft. Der Ballon wurde sofort mein Spielgefährte. Ich nahm ihn mit nach draußen, obwohl man mich davor gewarnt hatte, und, wie vorhergesagt, schrammte er an einer Ziegelwand entlang und platzte. Ich war am Boden zerstört. Ich habe mich oft gefragt, wieso es so ein dramatischer Verlust für mich war, daß mein Ballon platzte.

Erst vor ein paar Jahren erkannte ich, daß gleichzeitig mit ihm auch mein Engel verschwand. Ich weiß heute, daß mein Engel nicht nur Einbildung war. Sie war tatsächlich mein geistiger Führer — ein echter Schutzengel. Irgendwie war in meinem kindlichen Bewußtsein der Ballon ein Symbol für sie. Als der Ballon platzte, verlor ich eine Verbindung zu Gott.

Vor ein paar Jahren wurden mir in einem Workshop bei einer geführten Meditation meine geistigen Führer vorgestellt. Eine meiner weiblichen Führerinnen erkannte ich sofort: es war mein Engel! Sie versicherte mir, daß sie die Verbindung mit mir immer aufrechterhalten hatte, auch wenn ich den Kontakt zu ihr verloren hatte. Sie fügte hinzu, daß sie Limabohnen auch nicht besonders mochte.

Sie stellte sich als „Glenda" vor, die gute Hexe aus dem *Zauberer von Oz.* Sie paßte perfekt in mein Bild von einer guten Fee — Glaubenssysteme schaffen Realität! Als ich öfter in der Meditation mit ihr in Kontakt kam, verwandelte sie sich in die Göttin Isis. Ich bin in den letzten Jahren oft zu ihr in Verbindung getreten und habe allmählich gelernt, geistige Führer zu „sehen".

Einen geistigen Führer zu sehen, ist nicht das gleiche, wie wenn man einen physischen Menschen sieht. Sie haben physische Attribute, existieren jedoch nicht in einer physischen Dimension. Als ich mich mit ihnen in Verbindung setzte, dachte ich zuerst, es sei meine Einbildung. Ich spürte eine Energie, „etwas", das meine Klienten begleitete, wenn sie zur Rückführung kamen. Als ich erkannte, daß das vermutlich einer oder mehrere der geistigen Führer des Betreffenden waren, versuchte ich, ein Gespür dafür zu entwickeln, wie sie aussahen. Ich sah immer ein Bild, ganz gleich, ob ich die Augen offen oder geschlossen hatte. Das war wieder so eine Sache, mit der ich spielte, aber über die ich nicht sprach. Was hatte eine nette, normale Frau wie ich auch Geisterführer zu beschwören?

Eines Nachmittags kam ein neuer Klient zu seiner Sitzung, und ich fühlte eine besonders mächtige Gegenwart mit ihm hereinkommen. Während der Klient den Informationsbogen ausfüllte, mit dem ich jede Sitzung beginne, vergnügte ich mich damit, mich mit dieser Gegenwart in Verbindung zu setzen. „Tu etwas, damit er seiner Ex-Frau verzeiht. Wir können nicht zu ihm durchkommen.“ Die Botschaft war deutlich. Ich hörte sie in meinem Kopf wie einen Gedanken aus dem Nichts. Ich hatte den Mann noch nie gesehen und wußte nichts über ihn. Ich beschloß, das Risiko, etwas Dummes zu sagen, einzugehen, und einen Realitätstest zu machen. „Erzählen Sie mir etwas über die Beziehung zu Ihrer früheren Frau“, sagte ich möglichst beiläufig. Der Kopf des Klienten schnellte von dem Papier hoch: „Woher wissen Sie das?“

In den letzten paar Jahren habe ich diese Frage Hunderte von Malen gehört. Manchmal weiß ich nicht wirklich, wie ich es weiß. Meistens höre ich einfach bloß den Führern der Person zu und sage, was sie mir sagen. Manchmal ist die Information nicht richtig oder bedarf einer Interpretation. Eine Botschaft lautete zum Beispiel, daß ein Klient sich mit seinem Bruder in Verbindung setzen solle, der Trost und Kontakt brauche. Der Klient grinste, als ob er entdeckt hätte, daß der Kaiser keine Kleider anhat. Er hatte keinen Bruder. Nie einen gehabt. Ich weigerte mich, klein beizugeben, und fragte ihn, was die Botschaft seiner Meinung nach bedeutete. Nun, er hatte einen Freund, der vor ein paar Monaten weiter weggezogen war. Sie waren seit ihrer Kindheit Freunde gewesen — er war wie ein Bruder für ihn...

Gelegentlich zeigen die Führer mir eine Szene, anstatt mir eine verbale Botschaft zu geben, und ich interpretiere, was sie bedeutet. Vor kurzem, als ich in New York mit einer Klientin arbeitete, schloß ich die Augen, um mich mit ihren Führern in Verbindung zu setzen. Sie zeigten mir ein Bild von meiner Klientin, die sich in eine Kiste einnagelte. „Sie haben sich einen Deckel übergestülpt", sagte ich zu ihr. „Es ist Zeit, daß sie den Deckel abnehmen und sich aus der Kiste herauslassen, in die Sie sich eingesperrt haben." Sie schaute erstaunt und brach dann in Tränen aus.

Ich sage das alles, um Ihnen zu zeigen, daß kein Hokuspokus dabei ist. Man sagt, ich sei hellseherisch begabt. Vielleicht ist das so. Ich weiß nur, daß ich mich mit den Führern verbinde und vertraue. Sie können sich auch mit Ihren Führern in Verbindung setzen. Es ist ganz leicht. So leicht, daß man tatsächlich versucht ist, ihre Realität nicht zu akzeptieren. Wir neigen zu der Annahme, daß alles, was jenseits der physischen Realität liegt, mit der wir gewohnt sind, umzugehen, übernatürlich ist. Als ob jeder Schritt jenseits dieser Realität von Blitz und Donner begleitet sein müsse, damit er für uns wirklich wird! Man bekommt vielleicht von Zeit zu Zeit ein himmlisches Omen. Vielleicht gehen sogar mal auf unerklärliche Weise die Lichter an und aus. Höchstwahrscheinlich ist der Vorstoß ins Unbekannte jedoch von nichts derartig Dramatischem begleitet. Wir brauchen nur zu vertrauen!

Wenn ich dieser Tage ein Zeichen von Gott bekomme, kann es genausogut auf einer Anschlagtafel stehen wie am Himmel. Gott hat Humor! Vor zwei Jahren fuhr ich zu der ersten Gruppe, die ich in meiner Heimatstadt leitete, und fragte mich, wie ich dort wohl empfangen würde. „Niemals ein Prophet im eigenen Land", murmelte es in meinem Kopf (Matthäus 13, Vers 57). Vielleicht ist der Mittlere Westen für solche Sachen nicht reif. Vielleicht hätte ich lieber an den Küsten bleiben sollen. Ich fuhr durch die Oakton Avenue nach Evanston, Illinois. Genau bei diesem Gedanken fuhr ich an den Powers-Manufakturwerken vorbei. Vorne war ein Schild ausgehängt, und als ich es sah, lächelte ich zu Gott zurück und ließ meine Befürchtungen los. Da stand:

POWERS
HILFE GESUCHT

Du kannst dich gleich jetzt mit deinen Führern in Verbindung setzen. Denk an eine Frage, die dich in deinem Leben gerade beschäftigt. Am besten beginnst du mit etwas Einfachem und hebst dir die schweren Sachen auf, bis du ein bißchen inneres Vertrauen entwickelt hast — die Sachen, die gefühlsmäßig sehr geladen sind oder an denen du sehr hängst. Zum Anfang kannst du beispielsweise fragen: „Welche Form von Sport ist für mich am besten?“ oder „Wie kann ich im Augenblick mein geistiges Wachstum fördern?“ Die Fragen über die Scheidung oder über deine Kinder hebst du dir auf, bis du bereit bist, zu vertrauen und der Antwort entsprechend zu handeln.

Wie lautet deine Frage? Lies jetzt diesen Abschnitt. Wenn du damit fertig bist, leg das Buch einen Moment zur Seite und probier es aus. Mach es dir bequem. Hole ein paarmal tief Atem und entspanne dich. Mach die Augen zu und stell dir vor, du gehst über eine friedliche Wiese. Erlebe die Wiese mit deinen Sinnen: wie sie aussieht, wie sie riecht, was für Geräusche da sind. Spüre die Sonne auf dem Gesicht, den Wind in deinen Haaren, und das Gras, das beim Gehen an deinen Beinen entlangstreift. Erlaube dir wirklich, ganz da auf der Wiese zu sein. Dann stell dir in der Mitte der Wiese eine Hütte vor. Geh zu der Hütte hin. Denk an deine Frage und wisse, daß dein geistiger Führer in der Hütte auf dich wartet, wenn du sie betrittst. (Geistige Führer haben während deines jetzigen Lebens nicht gelebt; wenn also dein Lieblingslehrer oder dein Lieblingsopa auftaucht, dann frage sie, ob sie eine Botschaft für dich haben, und bitte sie dann, deinen wirklichen geistigen Führer hereinzulassen.) Wenn du dir vorstellst, in die Hütte hineinzugehen, sieh deinen Führer dort auf dich warten. Geh zu ihm oder ihr hin. Frage ihn oder sie, ob er oder sie wirklich dein geistiger Führer ist. Spüre ihre Ausstrahlung. Frage sie nach ihrem Namen. Dann stelle deine Frage und höre ihre Antwort. Du kannst auch fragen, ob sie irgendeine Botschaft für dich haben. Wenn du das Gefühl hast, daß das Gespräch beendet ist, danke ihnen, spüre, wie du aus der Hütte hinaus, durch die Weise und zurück zu dem Ort gehst, wo du dieses Buch liest. Öffne die Augen.

So einfach ist das. Je öfter du mit deinen Führern Kontakt aufnimmst, desto leichteren Zugang wirst du zu ihnen haben.

Ich habe die Meditation gerade hier, wo ich sitze und an diesem Buch schreibe, ausprobiert. Als ich die Tür aufmachte, kam Isis in den Raum. Ich fragte sie, was ich ihr geben solle. Als sie antwortete, sie wolle mein Herz, sah ich mich es ihr geben. Sie nahm ein Messer und schnitt es in zwei Teile. Nun ist das ja wirklich ein ziemlich furchterregendes Bild, deshalb fragte ich sie, was das bedeute. Sie hielt die eine Hälfte über ihren Kopf und sagte: „Die eine Hälfte ist für den Himmel." Dann streckte sie die andere Hand, in der sie die andere Hälfte hielt, vor sich zur Erde aus. „Die andere Hälfte ist für die Erde. Liebe Gott und die Menschen gleichermaßen."

Dann fragte ich sie, was sie mir als Gegengabe geben wolle. Sie gab mir eine Kristallkugel. Als ich sie fragte, was sie darstelle, sagte sie: „Die Klarheit der Himmel, den Zauber der Erde und die Weisheit, über die Zeit hinaus in die Ewigkeit zu schauen."

Kapitel 5

Wenn mir als Kind die übliche Frage gestellt wurde: „Was willst du werden, wenn du einmal groß bist?“ dann gab ich dieselbe Antwort wie alle meine Freundinnen. „Ich will heiraten und Kinder kriegen und vielleicht Krankenschwester oder Lehrerin werden.“ Insgeheim wollte ich eine Heilige werden. Ich wollte den Hungrigen zu essen geben und die Kranken heilen. Ich dachte, wie du vielleicht auch, daß ich eine Wundernahrung machen könnte, von der alle satt würden, oder eine Zaubermedizin entdecken, die alle Krankheit verbannen würde. Ich habe niemandem von diesen Tagträumen erzählt; ich wußte ja gar nicht, ob es überhaupt noch Heilige gab, und außerdem war ich nicht einmal katholisch. Als Erwachsene hatte ich das Privileg, ein paar der modernen Heiligen kennenzulernen — den jetzt verstorbenen Karmapa (Führer einer der vier Linien des Tibetischen Buddhismus), Muktananda (Oberhaupt des Siddha Yoga) und seine Nachfolger, Chidvalasananda und Nitchatananda —, und ich weiß, daß der Abstand zwischen ihrem Bewußtsein und meinem mindestens so groß ist wie der zwischen meinem und dem einen Trunkenboldes im Vergnügungsviertel.

Ich heiratete jedoch und bekam Kinder und wurde zwar nicht Krankenschwester, aber immerhin Röntgentechnikerin, und Lehrerin auch. Ich arbeitete während meiner High School-Zeit in der Röntgenabteilung des katholischen Krankenhauses am Ort und freundete mich mit der Nonne an, die die Abteilung leitete. Wir führten oft religiöse Gespräche. Wenn die Nonnen bei der Messe waren, stahl ich mich oft auf die Empore des Andachtsraumes, das liebte ich. Ich fühlte mich ganz zu Hause und war immer etwas schockiert, wenn man mich daran erinnerte, daß ich evangelisch war.

Nach der High School machte ich, dem Weg des geringsten Widerstandes folgend, eine Ausbildung als Röntgentechnikerin in einem großen jüdischen Krankenhaus in der Stadtmitte von Chikago. Achtzehn Monate lang aß ich jüdisches Essen, ging mit jüdischen Ärzten aus, tanzte auf Belegschaftsfesten die Hora und gewöhnte mir so viel jüdischen Slang an, daß ich, wenn ich zum Wochenende nach Hause kam, meine weißen und englischstämmigen Freunde schockierte. Ich rutschte mitten in die jüdische Subkultur hinein und fühlte mich auch dort wieder sehr wohl, bis man mich daran erinnerte, daß ich eine Shiksa war, eine Goyim — Nichtjüdin. Die Unterscheidung erschien mir unnatürlich.

Erst später, als ich mich an frühere Leben als Nonne, als Mönch, als Jüdin, als Israelitin erinnerte, wußte ich, warum mir diese religiösen Kulturen so vertraut erschienen waren. Sie waren einem tiefinneren Teil meine Erfahrung bekannt. Im Laufe der Arbeit mit meinen Klienten bin ich zu der Überzeugung gelangt, daß wir alle den größeren religiösen Kulturen dieses Planeten angehört haben. Vielleicht ist das ein Grund dafür, warum die östlichen Religionen im Westen so leicht akzeptiert wurden. Wenn ein Junge aus der Bronx sich für Zen-Sitzen begeistert, dann bringt ihn das vermutlich mit einer Erinnerung aus einem früheren Leben in Kontakt.

Mein erstes Rendezvous hatte ich mit zehn. Wir waren auf der Rückfahrt nach Chikago von einem Sommeraufenthalt bei meinem Onkel und meiner Tante in Pensacola, Florida, und übernachteten in Biloxi, Mississippi. Ich bemerkte den Sohn des Besitzers, als wir ankamen, aber ich wunderte mich, als er hereinkam und fragte, ob „irgend jemand" mit ins Kino ginge. Meine Mutter lächelte und sagte, sie wollten sich ausruhen, aber vielleicht wolle ich mitgehen. Ich ging mit. Er war dreizehn. Sein Vater fuhr uns hin. Er bezahlte für mich und hielt meine Hand. Ich fühlte mich sehr erwachsen. Die ganze Vorstellung hindurch stellte ich mir vor, wie ich meinen Freunden zu Hause in der Schule davon erzählen würde. Ich war sicher, daß ich die erste in meiner Gruppe war, die ein Rendezvous hatte.

Als ich in der siebten Klasse war, lernte ich Johnny kennen. Unsere Großeltern hatten Sommerhäuser am Petite-See nördlich von Chikago. Die Familie meines Vaters hatte das große, komfortable Haus gebaut, bevor meine Mutter und ich, als ich sechs war, in die Familie einheirateten. Meine Eltern hatten sich scheiden lassen, als ich ein Jahr alt war. Ich sah meinen wirklichen Vater ein paarmal im Jahr, aber ich war glücklich, als meine Mutter wieder heiratete und wir aus der Stadtwohnung in ein Haus am Rande von Chikago zogen. Mein Stiefvater adoptierte mich. Ich bekam seinen Namen, und es gefiel mir, einen Vater zu Hause zu haben wie die anderen Kinder. Und das Sommerhaus war toll. Wir verbrachten jedes warme Wochenende dort und meistens auch die Ferien. Unser Haus stand an einem Sackkanal. Wir hatten zwei Ruderboote und ein Boot, an dem man einen Motor anbringen konnte. Johnnies Familie gehörte das elegante vierstöckige Haus an der Stelle, wo der Kanal in den See mündete. Unter dem Fahnenmast auf dem riesigen, luxuriösen Rasen standen weiße schmiedeeiserne Bänke. Johnny hatte ein Schnellboot.

Meine Freundin Karen und ich beobachteten Johnny und seinen Freund Bob aus der Ferne beim Wasserskifahren. Wir fuhren mit dem Ruderboot in den See hinaus, warfen den Anker aus, spielten Kanasta und warteten. Am ersten Tag sausten sie in ihrem Schnellboot an uns vorbei, am zweiten Tag winkten sie, und am dritten Tag hielten wir die beiden Boote nebeneinander und spielten zu viert Kanasta anstatt zu zweit.

Johnny und ich waren bis zum Ende meiner High School-Zeit zusammen. Er war blond, mit blaugrünen Augen und mit neunzehn 1,97 m groß. Er war liebevoll, sensibel und sehr witzig. Wir wuchsen physisch und emotional zusammen auf (es war in den fünfziger Jahren, als nette Mädchen so etwas nicht taten, und ich war sicher, daß Gott wollte, daß ich als Jungfrau in die Ehe ging) — aber hauptsächlich waren wir geistig verbunden. Ich war eindeutig Christin — er war gar nichts. Trotzdem waren unsere Gespräche über das Wie und Warum des Universums endlos. Er beneidete mich um meinen Glauben — ich respektierte seinen bohrenden Intellekt. Wir wollten uns verloben, wenn ich mit der High School fertig war.

An einem Januartag am Ende meines Juniorjahres kam ich von der Schule nach Hause und traf an der Hintertür auf meine Mutter. Ob ich Johnny gesehen hätte? Nein —

soviel ich wußte, war er in seinem College, vier Autostunden entfernt. Seine Eltern hatten angerufen. Er war nicht in der Schule. Es war der erste Tag der ersten Abschlußexamina. Wir hatten einen riesigen Schneesturm. Nach elf Tagen begann der Schnee zu schmelzen. Ein Eisfischer fand auf seinem Heimweg durch die Wälder Johnnies Körper an einem Baum hängen.

Er hatte mir einen Brief hinterlassen, in dem er sich dafür entschuldigte, daß sein „Entschluß zu verschwinden" mich zeitweilig unglücklich machen würde. Es hatte Hinweise gegeben — er hatte mir seinen Glücksbringer, einen Silberdollar, als Anhänger einfassen lassen, er hatte aus den Goldkordeln, die um die Verpackungen von Marshall Fields herum waren, Schlingen geknüpft —, aber keiner von uns hatte die Zeichen erkannt.

Die Chikago Sun Times berichtete über Johnnies Tod; sie schrieben, er hätte nach einem Streit mit seiner Freundin Selbstmord begangen. Wir hatten uns nicht gestritten. Es war das erste Mal, daß ich merkte, daß Zeitungen nicht immer die Wahrheit schreiben.

Meine Welt veränderte sich. Plötzlich war das Leben sehr kostbar — nichts, was man als selbstverständlich hinnehmen konnte. Die neueste Platte, die letzte Mode, der süßeste Fußballspieler waren plötzlich nicht mehr das Wichtigste im Leben. Ich hatte das Gefühl, über Nacht erwachsen zu werden. Ich fing an, Bücher zu lesen anstatt Filmzeitschriften. Ich begann, mich in anderen Kirchen umzusehen und mit jedem, den ich finden konnte, über den Sinn des Lebens zu diskutieren. Lange Zeit weinte ich viel. Der Schock über Johnnies Tod weckte mich auf. Wir waren viereinhalb Jahre zusammen gewesen. Ich war siebzehn.

Nach zwei Monaten ging ich wieder mit anderen Jungen aus. Ich habe immer mit mindestens einem Mann eine Beziehung gehabt, oft kam gerade ein anderer in mein Leben herein, wenn der letzte hinausging, bis ich letztes Jahr beschloß, einmal zu sehen, wer ich war, wenn ich allein war. Nach Johnny waren die Rendezvous' eher Ablenkung als Leidenschaft. Johnny war immer noch bei mir.

Nach Johnnies Tod geschahen eine Reihe von Dingen, von denen ich, auch ohne einen Hang zum Metaphysischen oder Übersinnlichen zu haben, wußte, daß sie kein Zufall waren. Jedes Jahr schien etwas zu geschehen, das mich an ihn erinnerte. An den unwahrscheinlichsten Orten traf ich fremde Leute, die ihn kannten.

Im ersten Sommer war ich eben in Wisconsin, im Sommerhaus meiner anderen Großeltern. Beim letzten Mal, als ich dort gewesen war, war ich zehn und hatte ein gleichaltriges Nachbarmädchen kennengelernt. Ich ging die ungeteerte Straße durch die Birkenwälder hinunter und hatte das Sweatshirt von Johnnies College an, das er mir geschenkt hatte. Ich traf Pam, die mit ihrem Hund spazierenging. Wir erkannten uns wieder und fingen an, miteinander zu reden. „Wen kennst du da?" fragte sie mit einem Blick auf mein Sweatshirt. „Mein Freund ist dahingegangen", sagte ich unverbindlich. „Wirklich?" Pam strahlte. „Mein Onkel ist der Direktor von dem College. Wie heißt dein Freund?" Ich sagte ihr Johnnies Namen, und ihr fröhliches Gesicht verdüsterte sich. Sie kannte die ganze Geschichte aus dem Blickwinkel ihres Onkels: die

Untersuchungen des FBI, die Benachrichtigung von Johnnies Eltern, die Überführung des Leichnams.

Im Jahr darauf machte ich die Ausbildung zur Röntgentechnikerin im Michael-Reese-Hospital und traf eine Schwesternschülerin aus der Stadt, in der Johnnies College war. Ich erwähnte die Namen mehrerer anderer Leute, die ich von dem College kannte. Sie kannte niemanden davon. Dann fragte ich sie mit möglichst unbewegter Stimme, ob sie Johnny kannte. Sie schaute mich an. „Du warst seine Freundin." Sie hatte Johnny in einer Jugendgruppe der Kirche getroffen — er versuchte, an Gott zu glauben —, und er hatte ihr alles von mir erzählt. Zufall, daß wir uns zwei Jahre später in einem Forschungskrankenhaus mit tausend Betten begegneten?

In einem Jahr trug ich zu seinem Todestag den Anhänger mit seinem Silberdollar. Ich stand in der Küche und dachte an ihn, da riß die Kette, und seine Glücksmünze fiel klirrend auf den Boden.

Als ich dreieinhalb Jahre nach Johnnies Tod heiratete, war es ein Mann, der zufällig in demselben Vorort lebte, aus dem Johnny kam. Mein Mann hatte an der High School unterrichtet, an der Johnny Examen gemacht hatte. Als Teil von Hanks Gehalt bekamen wir ein Universitätshaus — in derselben Straße, in der Johnnies Familie noch immer wohnte.

Im ersten Jahr meiner Ehe bekam ich einen Verkaufsjob im Weihnachtsgeschäft bei Marshall Fields in Oakbrook. An einem Tag suchte ich nach etwas anderem zum Anziehen und fand den Pullover, den Johnny beim letzten Mal, als ich ihn sah, bei uns gelassen hatte. Ich hängte den Silberdollar um, schaute in den Spiegel und hörte in meinem Kopf eine Stimme sagen: „Heute treffe ich Johnnies Mutter." Seine Eltern schienen mich für den Selbstmord verantwortlich gemacht zu haben, und wir hatten uns seither nie wieder gesehen. Die Eltern waren beide Alkoholiker, und es war eine sehr schwierige Familie. An diesem Tag stand ich in der Pause vor dem Spiegel, sah, was ich anhatte, und hörte dieselbe Botschaft. Ich trat aus der Damentoilette heraus, und da stand Johnnies Mutter an meinem Ladentisch. Sie erzählte mir, daß Johnnies jüngerer Bruder nächste Woche bei Bonwit Teller im Einkaufszentrum zu arbeiten anfinge.

Am nächsten Tag ging mein Auto kaputt, und eine Freundin, die bei Bonwits arbeitete, nahm mich mit. Ich ging um fünf Uhr in ihre Abteilung hinauf, um mit ihr heimzufahren. Ich stand vor den Aufzügen, als die Türen aufgingen und Johnnies jüngerer Bruder Eddy heraustrat. Sie hatten ihn schon eine Woche früher angestellt. Er arbeitete eigentlich im Keller, im Wareneingang, und war den ganzen Tag dort gewesen, und gerade hatte man ihn gebeten, ein Päckchen in die Abteilung meiner Freundin zu bringen. Wir hatten uns seit der Zeit vor Johnnies Tod nicht gesehen und freuten uns gegenseitig darüber, wie erwachsen wir seitdem geworden waren. Beim Lunch am nächsten Tag sagte Eddy, was ich oft über Johnnies Tod gedacht hatte: „Ich kann nicht wirklich böse darüber sein, daß es geschehen ist, weil es so viel verändert hat — wenn es nicht passiert wäre, wäre ich jetzt nicht der, der ich bin."

Kapitel 6

Ich brauchte zwei Jahre, bis ich merkte, daß meine Ehe mit Hale eher eine karmische Verstrickung war als eine Romanze. Im zweiten Jahr unserer Ehe fingen wir an, zusammen mit unserer Freundin Sarah Harper Workshops zu leiten. Wir nannten die Workshops „Die Erfahrung“. Wir hatten das Gefühl, daß unsere physische Existenz eine Gelegenheit ist, die Wahrheit unserer göttlichen Identität zu erfahren — daß wir in Wahrheit göttliche Energie sind, die sich in Form manifestiert. Wir mußten uns in individuelle Bewußtseinserfahrungen aufspalten, um durch das Kennenlernen der vielen Facetten unserer selbst — die wir die anderen nennen — unser eigenes wahres Wesen zu entdecken.

Sarah war Masseuse; sie heilte Menschen auf vielen Ebenen, während ihre Hände dem Körper wohltaten. In unseren Workshops konzentrierte sie sich auf den Körper, Hale auf den Intellekt und ich auf das Geistige. Wir führten den Workshop drei oder viermal an verschiedenen Orten in Südkalifornien durch. Es passierten dabei Dinge, die ich nicht erklären konnte und die mir allmählich Angst machten.

Den ersten Workshop hielten wir in San Diego. Es waren ungefähr achtzehn Leute da. Eine große, schicke, rothaarige Frau kam zu spät. Pat war den ganzen Morgen besonders ängstlich und auch ein wenig aggressiv. Ich war schon dabei, mich einschüchtern zu lassen, fing mich aber wieder — vielleicht ging in ihr etwas vor. Wir machten eine Gruppenrückführung in „das Leben, das auf das jetzige Leben den stärksten Einfluß hat", und als diese gepflegte Schönheit von ihrem Leben als Schwarzer in den Südstaaten mit Namen Joe erzählte, war klar, daß sie keine Rückführung gemacht hatte. Wir sahen alle, wie sie zu Joe wurde. Ihre Sprache wurde nach der Art des Südens schleppend und bekam ein bunteres Vokabular — Joe wollte „da raus", bevor wir Verrückten ihm etwas antaten. Es brauchte eine halbe Stunde und hohes diplomatisches Geschick, um Joe ins Licht zu schicken. Die körperliche Verwandlung, die mit Pat vor sich ging, war verblüffend. Ihr Körper entspannte sich, die Augen gingen auf, und Falten verschwanden aus ihrem Gesicht. Sie sah strahlend aus.

Ich hatte noch nie in der Öffentlichkeit ein Clearing gemacht. Ich hatte die anderen völlig vergessen, während ich mit Joe sprach. Ich schien während des Vorgangs in einem veränderten Bewußtseinszustand zu sein. Ich tat einfach, was zu tun war, ohne darüber nachzudenken. Als ich aufsah, starrten mich alle mit offenem Mund an. Ich war verlegen und ein bißchen erschrocken über die Kraft dessen, was da geschehen war.

An einem anderen Workshop in Newport Beach nahm eine Mutter mit Sohn und Schwiegertochter teil. Ich merkte nach einem halben Tag, daß mit dem Sohn etwas nicht stimmte. Ich konnte nicht mit Ed in Verbindung treten. Er schien nicht anwesend zu sein. Ich ging zu ihm, nahm seine Hände und bat ihn, mir in die Augen zu schauen. Da war niemand zu Hause. Ich bat Hale, sich hinter ihn zu stellen und ihm die Hände auf die Schultern zu legen, um ihn zu erden. Ich begann, Eds Bewußtsein in seinen Körper hereinzuziehen. Ich wußte nicht, was ich machte oder warum ich es tat. Ich fühlte jedoch die Energie durch unsere Hände fließen. Ich spürte einen Ruck und wußte, daß Eds Bewußtsein voll in seinen Körper gekommen war. Ed sah verblüfft aus. Sein Gesicht verwandelte sich, als ob er gerade aus einem langen Schlaf erwacht war. Ich beobachtete voller Demut, wie seine Frau und seine Mutter ihn unter Tränen umarmten.

Nach dem Seminar wollte Hale wissen, wie ich das gemacht hätte. Ich konnte keine Antwort darauf geben. Ich wußte es nicht. Solche Zwischenfälle gab es mehrmals. Etwas geschah — ich machte etwas mit jemandem, ohne zu wissen warum, und das Ergebnis war dramatisch. (Eds Mutter rief eine Woche nach dem Seminar an und sagte, Ed, der Alkoholiker war, hätte sich den Anonymen Alkoholikern angeschlossen, und sie habe den Eindruck, ihr Sohn sei ihr wiedergegeben worden.) Hale wollte immer wissen, woher ich wußte, was zu tun war, und ich konnte es ihm nicht sagen. Er wurde frustriert und wütend, weil er dachte, ich wolle es ihm nicht sagen. Ich wurde wütend und frustriert, weil ich es ihm nicht sagen konnte.

Mein Fehler war, zu denken, daß ich das überhaupt machte. Ich wurde als Kanal benutzt, aber das wußte ich nicht. Ich dachte, daß ich es machte. Ich konnte es nicht verstehen, und es machte mir Angst. Mein Ego wollte sich damit brüsten, aber ich konnte das nicht, weil ich intellektuell nicht erklären konnte, was geschah.

Eines Abends nahm ich nach einer dieser Streitereien

beleidigt mein Kopfkissen, stampfte aus dem Schlafzimmer und ging hinunter, um im Wohnzimmer auf der Couch zu schlafen. Das Haus war still, die Kinder schliefen, und ich war hellwach, während Wut, Verwirrung und Angst in meinem Bewußtsein einander ablösten. Das einzige Licht im Raum fiel durch die Glasschiebetüren, die gegenüber von meiner Couch zum Innenhof hinausführten. Plötzlich kam ein Frieden über mich, und ich spürte eine Gegenwart. Ich sah, wie durch die Tür am Fußende der Couch ein leuchtendes Wesen ins Zimmer geschwebt kam. Ich setzte mich auf und sah zu, wie es um die Couch herumschwebte, bis es mir gegenüber war. Es war schön. Es war weder männlich noch weiblich, sondern eine androgyne Einheit von beidem. Es bestand aus Licht. Es war durchsichtig. Ich konnte meine Augen darauf einstellen und die Einzelheiten seines Aussehens klar sehen, oder ich konnte meine Augen auch auf den Fernseher dahinter einstellen und durch es hindurch sehen. Es hatte volles, schulterlanges Haar, ein lose fallendes Gewand, das etwa in Knöchellänge endete, und keine Füße. Es schien in der Luft zu schweben. Das Gesicht war alt und jung, wissend und leuchtend. Ich hatte keine Angst, als ich da saß und „mit ihm war“. Ein paar Minuten verstrichen. Es gab keine andere Kommunikation als den Frieden und die Heiterkeit seiner Gegenwart. Schließlich fragte ich: „Was bedeutet das?“ Ich hörte deutlich die Antwort: „Das soll dazu dienen, daß du lernen kannst, zu vertrauen.“ Es blieb noch eine Minute oder zwei da, wie um die Antwort einwirken zu lassen, dann schwebte es durch die Tür zurück in die Diele hinaus.

Ich kam nicht auf den Gedanken, aufzustehen und ihm zu folgen. Irgendwie hatte ich das Gefühl, daß es beim Hinausschweben verschwunden war. Ich fühlte mich unendlich friedlich, ehrfürchtig und gesegnet. Ich wußte, dies war eine Versicherung „von der anderen Seite“, daß all dieses spirituelle Zeug, auf das ich mich einließ, nicht verrückt war, daß ich tatsächlich meine Ängste loslassen und vertrauen konnte. Diese herrliche Erscheinung ist über die Jahre hinweg eine Quelle der Kraft und des Glaubens für mich gewesen und hat mir geholfen, viele Zweifel und Ängste zu überwinden, die mir auf meinem Weg gekommen sind.

Hale und ich entwirrten unser Karma und ließen uns im Frühling 1983 scheiden. Wir hatten eine Abmachung eingelöst, an die wir uns zu Anfang nicht erinnert hatten: Er sorgte materiell für mich und die Kinder, und ich sorgte spirituell für ihn. Er ist nicht mehr Zahnarzt. Er ist jetzt ganztags mit Gottes Arbeit beschäftigt.

Kapitel 7

Im Herbst 1983 kämpfte ich gegen den Ruf einer wachsenden Zahl von Klienten in New York. Ich arbeitete noch immer einen Teil meiner Zeit bei Cynthia, aber wir wußten beide, daß die Form unserer Partnerschaft sich bald verändern würde. Sie ermutigte mich dazu, mich ganz auf die Arbeit zu konzentrieren, zu der Gott mich rief, aber ich wehrte mich dagegen, mich ihr ganz zu widmen. Ich versuchte immer noch, ein normaler Mensch mit einer normalen Arbeit zu sein, der ein mehr oder weniger normales Leben führte. Ich wußte nicht genau, warum ich mich dagegen wehrte — ich liebte die Einzelarbeit mit meinen Klienten und wußte, daß sie wertvoll war, aber irgendwo im Kern meines Wesens weigerte ich mich, mich ganz dieser Arbeit hinzugeben. Mehrmals wurde ich nach New York gerufen, und schließlich nahm ich mir zehn Tage frei, verabschiedete mich von meinem Freund Christopher und fuhr nach Manhattan.

* * *

Sally Fisher vom Schauspielinstitut ließ mich in ihrer Dachgeschoßwohnung arbeiten. An einem Tag kam ich wie gewöhnlich um 8.45 Uhr bei Sally an. Ich fuhr mit dem Industrieaufzug in ihren sechsten Stock hinauf und benutzte meinen geliehenen Schlüssel, um mich in den offenen weißen Raum einzulassen, den diese atlantische Hohepriesterin ihr Zuhause nannte. Sally lag schlafend auf dem Sofa. Ich ging auf Zehenspitzen an ihr vorbei in das Schlafzimmer, wo ich gewöhnlich arbeitete, und fand ihre Töchter und eine Freundin auf Bett und Boden verteilt in tiefem Schlaf. Auch Sallys Hausgenossin schlief noch.

Das war ungewöhnlich. Normalerweise waren, wenn ich um diese Zeit ankam, schon alle aus der Wohnung und mit ihrem Tag in Manhattan beschäftigt. Es war klar, daß ich hier, auch wenn ich sie jetzt weckte, nicht in zehn Minuten eine Sitzung haben konnte, deshalb ging ich wieder auf die Straße hinunter, um auf meinen Klienten zu warten. Ich würde ihn eben zu Sean, wo ich wohnte, mitnehmen müssen. In ihrem Haus durften die Wohnungen nicht gewerblich genutzt werden, aber dieses eine Mal würde wahrscheinlich kein Problem geben.

Ich wartete auf der Straße auf meinen Klienten. Er war aus dem Schauspielinstitut, aber ich hatte ihn noch nie gesehen. Sallys Wohnung ist in der 17ten Straße zwischen der 5th und 6th Avenue — eine Geschäftsstraße, auf der Lastwagen be- und entladen werden und Taxis hupen, um in der engen Straße an ihnen vorbeizukommen. Es war fünf Minuten nach neun. Ich schaute zur 6th Avenue hinüber, als ein phantastisch aussehender Mann um die Ecke kam. „Schade, daß der nicht mein Klient ist“, dachte ich mit einem Blick auf sein Hemd und seine Krawatte. „Nicht der Typ, der vom Schauspielinstitut kommt.“ Ich beobachtete, wie er in das Haus nebenan ging.

Ich wartete noch zehn Minuten auf meinen Klienten und beschloß schließlich, eine Tasse Kaffee trinken zu gehen. Ich ließ einen Zettel an der Tür, daß mein Klient in das Café kommen solle, und ging die Straße hinunter. Was für ein komischer Morgen.

„Sie müssen Schauspielerin sein", hörte ich hinter mir jemanden sagen. „Sind Sie auf dem Weg zur Probe?" — „Das hat er sich aber gut ausgedacht", dachte ich, und schaute mich nach der Stimme um. Da war der phantastisch aussehende Mann, den ich um die Ecke hatte kommen sehen. „Ich bin keine Schauspielerin, ich hole mir gerade einen Kaffee." Seine schwarzen Augen blitzten unter schwarzen Brauen. Er hatte dunkle Haut und auf sehr männliche Weise eckige Gesichtszüge — mit einer Falkennase. Er war groß und dünn. Egal, wie gekonnt er mich angesprochen hatte — ich war eindeutig gefangengenommen. „Ich hole mir auch einen Kaffee. Wollen Sie mir Gesellschaft leisten?"

Ich ging sowieso dahin — mein Klient würde wahrscheinlich in einer Minute kommen — ich konnte mir vertrauen — ein Gespräch bei einer Tasse Kaffee schadete niemandem — und überhaupt, warum nicht? „Okay", sagte ich. Wir gingen hinein und setzten uns an die Theke. Er bestellte. Ich schaute ihn an. „Sieht fast ägyptisch aus", dachte ich.

„Ich heiße Biaggio, das ist Italienisch. Wie heißen Sie?" Ich sagte es ihm, und er fragte, was ich mache.

Ich zögerte. Das ist die Frage, die ich am meisten hasse. Was sagt man und zu wem? Vielleicht sind es all die Leben, wo ich als Hexe gesteinigt oder auf dem Scheiterhaufen verbrannt wurde, oder die Leben als Mitglied von Mysterienschulen oder geheimen Bruderschaften, wo wir im spirituellen „Untergrund" lebten —, jedenfalls empfinde ich diese Frage immer als bedrohlich. Ich weiß nicht, warum, aber ich weiß nie, was ich sagen soll. Manchmal sage ich, ich bin Rückführungstherapeutin. Manchmal sage ich, ich bin spirituelle Beraterin oder metaphysische Lehrerin. Manchmal sage ich, ich leite Workshops und Seminare. Gelegentlich sage ich auch, ich bin Rebirtherin, Aurabalancerin und/ oder Trancemedium. Das stimmt alles. Die akkurate Berufsbezeichnung, die mir im Moment bewußt ist — und unsere Bewußtheit von unserer Aufgabe entwickelt sich mit unserem Bewußtsein — ist jedoch: spirituelle Erweckerin. Ich stelle mir gerade vor, wie ich auf eine beiläufige Frage zu einem Mitreisenden im Flugzeug sage „Ich? Ach, ich bin spirituelle Erweckerin."

Ich beschloß, etwas zu riskieren, und sagte Biaggio, daß ich spirituelle Arbeit mit Menschen mache und Medium sei. Er sagte, er sei kommerzieller Künstler, aber als Teenager hätte er ein paar Bilder auf mediale Weise gemalt, aber es hätte ihm Angst gemacht, und er hatte damit aufgehört. Das Gespräch wurde offener, und er fragte mich, ob ich mit ihm ausgehen wolle. Ich sagte ihm, ich hätte einen Freund in Kalifornien und ginge nicht aus. „Na gut, dann kommen Sie doch am Sonntag herüber. Dann koche ich Ihnen etwas zum Mittagessen und wir können uns unterhalten."

Ich hatte mir den Sonntag freigehalten. Ich hatte nichts vor — die meisten meiner Freunde waren nicht in der

Stadt — Mittagessen konnte nichts schaden — und überhaupt, warum nicht? „Okay."

Mein Klient kam nicht. Ich ging zu Seans Wohnung zurück und rief Sally an. Ihre Wecker hatten nicht geklingelt — keiner von beiden. Sie hatte noch nie Probleme damit gehabt und sagte entschuldigend, beim nächsten Termin würden alle auf und aus dem Haus sein. Später am Tag rief ich meinen Klienten an, um herauszufinden, was geschehen war. Er war am Tag zuvor beim Zahnarzt gewesen, hatte ein Schmerzmittel genommen und verschlafen — sein Wecker hatte auch nicht geklingelt.

Ich merkte, daß ich mehr an Biaggio dachte, als mir recht war, und es machte mich nervös. Ich freute mich wirklich auf Sonntag. Ich sprach mit Christopher in Kalifornien darüber, ob ich hingehen sollte, und er hatte nichts dagegen. Ich hatte keinen Grund, aufgeregt zu sein, aber ich war es trotzdem. Ich beschloß, mir gewisse Grenzen zu setzen, und kaufte eine Theaterkarte für die Sonntagnachmittagsvorstellung. Es war ein Off-Broadway-Stück, in dem ein Klient/ Freund mitspielte, und ich wollte es sowieso sehen. Außerdem war ich dann sicher, daß das Mittagessen nicht zum Abendessen werden würde. Christopher vertraute mir vielleicht, aber ich war nicht so sicher, ob ich mir auch vertraute.

Ich kam um ein Uhr Mittags zu der Wohnung in der Upper West Side. Als ich Biaggios Gesicht in der offenen Tür sah, gab es mir einen Stich. Er führte mich geschäftig in das große Studio und begann herumzuhantieren, Kaffee zu machen und mir die Bilder auf den beiden großen Staffeleien und an den Wänden zu zeigen. „Radierungen, aber immerhin“, murmelte meine zynische Seite im Stillen.

Ich stand in der Mitte des Raumes, und meine Blicke wanderten von seinen vertrauten Augen zu den Bildern und wieder zurück. In der Tiefe meines Seins begann etwas zusammenzubrechen. Ich versuchte, der Gefühle Herr zu werden, die in mir aufstiegen. Ich konzentrierte mich auf meinen Atem: „Ein ... aus ... ein ... aus ... du hast diesen Mann gerade erst kennengelernt, du Närrin; was soll er denn denken? Sei kein Idiot — ein ... aus ... — du kannst dir das später anschauen, benimm dich einfach ganz normal — ein ... aus ...“ Gerade, als ich dachte, ich könnte es schaffen, brach mein Körper in Tränen aus. Er führte mich zu einem Stuhl und fragte, was los sei.

„Ich spinne bloß mal einen Augenblick — nehmen Sie's nicht weiter ernst, ich bin schon okay. Ich glaube, wir haben uns schon einmal gekannt.“ Die zynische Rhea dachte an die Radierungen — „ganz genauso armselig“, dachte mein Kopf. Die Tränen kamen so ungewollt wie die Gedanken. Die Gedanken wurden Worte und schlüpften aus meinem Mund. „Ich bin einfach so froh, dich zu sehen. Ich dachte, ich würde dich nie mehr wiederfinden. Ich bin so froh, daß es dir gutgeht und daß du wieder auf der Erde bist.“

„Wer bin ich?“ Biaggio kniete sich vor mir auf den Boden und nahm mich in die Arme, während ich schluchzte. Ich schaute in sein besorgtes Gesicht und sah, daß er wirklich bei mir war. „Ich weiß nicht; du bist irgendein König oder sowas ... aber nicht wirklich ... ich bin eine Priesterin oder was ... da ist ein Opfer ... du wurdest getötet ... ich dachte, ich würde dich nie wieder finden ..." Die Worte quollen mit meinen Tränen aus mir heraus. Er hielt mich in den Armen. Als ich in sein Gesicht schaute, stiegen Tränen in seinen schwarzen Augen auf.

Wir standen auf, gingen zu dem Bett, legten uns hin und hielten uns in den Armen. Als meine Finger seinen sehnigen Rücken hinaufwanderten, wußte ich, daß ich jeden Zentimeter seines Bronzekörpers kannte. Es war ein alter Geliebter, und ich sehnte mich danach, wieder ganz mit ihm zu verschmelzen. Mit äußerster Anstrengung zog ich mich in die Realität von Manhattan, 1983, und zu meinem Versprechen gegenüber Christopher zu Hause in Kalifornien zurück. Wir küßten uns. Es war tief und vertraut. Jeden Impuls meines Körpers bekämpfend, setzte ich mich auf. „Das gehört nicht zu jetzt."

Während der nächsten Stunde tauschten wir Informationen über unser Leben im zwanzigsten Jahrhundert aus. Mehrmals während des Gespräches trafen sich unsere Augen, die Worte hörten auf, und die Tränen kamen wieder herauf. Wir aßen zu Mittag. Ich blieb bis zur letzten Minute. Er wollte nicht, daß ich gehe. Ich wollte nicht gehen. Ich war mit Recht stolz darauf, daß ich mir die Disziplin auferlegt hatte, die Karte für die Nachmittagsvorstellung zu kaufen, und ich benutzte sie, um mich zum Gehen zu bringen.

An der Tür nahm er mich noch einmal in die Arme. Ich schaute in seine Augen und konnte weder den Kuß noch die Tränen, noch die Worte aufhalten: „Ich liebe dich, ich habe dich immer geliebt, und Isis liebt dich." „Wer?"

fragte er befremdet. „Isis“, sagte ich, verwirrt, woher der Name gekommen war. „Denk dir nichts.“ Und ich trat in den Flur hinaus und ging. Ich winkte einem Taxi und ließ mich zum Village fahren. Ich ging ins Theater und fand meinen Platz in der zweiten Reihe, Mitte, gerade, als „Wolke 9“ anfing. Ich begegnete James Blick, als er auf die Bühne kam, und war froh, daß ich mein Versprechen, zu der Vorstellung zu kommen, eingehalten hatte. Ich zwang mich, nicht mehr an Biaggio zu denken.

Im zweiten Akt befand sich eine Gruppe der Personen nachts in einem Londoner Park. Ich hörte die Worte: „Laßt uns eine Beschwörung machen und die Göttin Isis herbeirufen.“ Mein Körper erstarrte. Ich setzte mich in meinem Sessel auf. „Wen?“ fragte eine der Personen. „Weißt du, die ägyptische Göttin Isis. Im alten Ägypten wählte die Hohepriesterin immer einen Gemeinen, der für ein Jahr ihr Gemahl sein sollte. Er wurde zum König gemacht wie einer der Götter, und am Ende des Jahres wurde er der Göttin Isis geopfert.“

Jede Faser meines Körpers zersprang, als die Erinnerung heraufkam. Ich sah, wie er auf dem Altar im Allerheiligsten geopfert wurde. Ich fühlte den unglaublichen Schmerz über den Verlust meines Geliebten. Ich fühlte meine Wut auf die Götter. Ich hörte meine eigenen Beschlüsse mein Bewußtsein überfluten: „Wenn den Göttern dienen das bedeutet, dann will ich nie wieder den Göttern dienen. Nie. Ich will nie wieder Macht haben. Ich will nie wieder in einer solchen Stellung sein. Ich will nie, niemals je wieder den Göttern dienen, ich will nie wieder so lieben.“

Ich unterdrückte die Schluchzer, aber die Tränen liefen mir die Wangen hinunter. Ich sah die Obsidianklinge in meiner Hand und fühlte, wie ich sie in die Verzweiflung stieß, die mein Herz erfüllte. Ich folgte ihm in den Tod, in der Hoffnung, ihn zu finden. Ich durchwanderte die Reiche jenseits des Todes und suchte ihn, aber ich fand ihn nicht, bis er an jenem Tag, 1983 in Manhattan, in der 17ten Straße um die Ecke bog.

Das Stück war aus. Ich hatte das Ende nicht gesehen. Der Applaus brachte mich zurück. Ich brauchte meine ganze Konzentration, um aufzustehen und mich normal zu benehmen, als ich wackelig aus dem Theater ging. Ich ging die fünfzehn Blocks zu Seans Wohnung zurück wie ein Schlafwandler, während die Bilder immer und immer wieder vor meinem geistigen Auge vorbeizogen.

Ich kam in die Wohnung und legte mich auf's Bett. Ich ging in Trance und rief Isis. Mein Körper zitterte vor der Kraft ihrer Energie, als meine Schwingung sich veränderte, um die Durchgabe zu ermöglichen. Ich horchte. „Was du gesehen hast, ist wahr. Wir haben euch zusammengebracht, weil es für dich Zeit ist, deine Macht wieder zu übernehmen. Es ist Zeit, daß du wieder den Göttern dienst und daß er sich wieder an seine Göttlichkeit erinnert. Willkommen zurück. Wir hatten ein bißchen Schwierigkeiten mit den Uhren."

Später am Abend rief ich Biaggio an und erzählte ihm, was geschehen war. Er kam am nächsten Abend herüber, und ich machte eine Sitzung mit ihm. Die Liebe und Verbundenheit waren noch immer da, aber die Leidenschaft und die Sehnsucht hatten sich aufgelöst, und ich wußte, daß diese Erfahrung vollständig war. Es war eine gute Sitzung, und am Ende wußte er, daß er viel mehr war als ein italienischer Künstler namens Biaggio. Er war ein gutes Stück auf dem Weg, sich wieder seiner Göttlichkeit zu erinnern.

Nicht lange nach diesem Erlebnis ergab ich mich. Cynthia und ich feierten mit einem Fünf-Sterne-Dinner, und ich verpflichtete mich „der Arbeit“ ganz und gar. Ich hatte meine Macht wieder angenommen und arbeitete wieder für Gott.

Kapitel 8

Channeling, das Empfangen von Durchgaben, ist ein Prozeß, in dem das Ego oder die Persönlichkeit beiseitegestellt wird und höheren Energien oder Ebenen von Wahrheit gestattet wird, sich zu äußern. Die Führung wurde als Intuition bezeichnet, als Inspiration oder Kommunikation mit den Musen. Wenn bei einem Sänger die Persönlichkeit zurücktritt und nur noch die Musik da ist, dann ist das Channeling. Wenn du einen Brief oder sonst ein Schriftstück verfaßt und es am Ende durchliest und dich wunderst, was du da geschrieben hast, dann ist das Channeling. Wenn du mit einem Freund zusammensitzt, der in Schwierigkeiten ist, und du hörst dich etwas sagen und weißt nicht, warum du es sagst — und dein Freund schaut dich erstaunt an und sagt „Ja, das ist es — woher weißt du das?" — und du weißt nicht, woher, du wußtest es einfach, dann ist auch das eine Art von Channeling.

Die Art von Channeling, die ich jetzt mache, wird mediales Hellsehen in Trance genannt. Es heißt nicht, daß ich Durchgaben von kürzlich Verstorbenen empfange. Es ist nicht die Art von Medialität, die man normalerweise in einer spiritistischen Sitzung findet. Es sind höhere Ebenen des Bewußtseins, denen ich gestatte, meinen Körper für Durchgaben in diese Dimension zu benutzen. Gewöhnlich sind diese Wesen niemals in physischer Form gewesen. Wir sind aber mit allem Bewußtsein verbunden. Channeling ist eine Technik, die uns ermöglicht, uns an Bewußtseinsebenen anzuschließen, die jenseits unseres bewußten Denkens liegen. Ich verstehe das jetzt, aber als es anfing, war es eine große Überraschung für mich.

Ich kannte einige Leute, die Durchgaben empfingen, und entschied, daß das nichts für mich war. Ich dachte, ein Medium sei jemand, der selber nichts zu sagen hat. Sie mußten einen Trick anwenden, um mich zum Channeln zu bringen, und das taten sie auch.

Im Juli 1983, ich war gerade geschieden und allein mit den Kindern, besuchte ich meine Freundin Cynthia. Sie erzählte mir von einem Buch, das sie gerade las, das Ruth Montgomery mit Hilfe ihrer geistigen Führer geschrieben hatte. Ich hatte bereits gelernt, telepathisch mit den geistigen Führern meiner Klienten in Kontakt zu kommen, und arbeitete seit einiger Zeit bewußt mit meinen eigenen Führern.

Cynthia und ich hatten viele spirituelle Abenteuer zusammen erlebt. „Also, wenn Ruth mit den Führern sprechen kann, dann können wir das auch. Komm, wir probieren es“, sagte Cynthia mit funkelnden Augen.

Wir gingen ins Schlafzimmer, und ich legte mich hin. Sie machte meine eigene Entspannungsübung mit mir und sagte dann: „Okay, jetzt sieh einfach deine Führer vor dir sitzen.“ Sie war erschrocken, als ich ihr sagte, sie seien da. „Na, dann frag doch mal, ob irgendeiner etwas sagen möchte“, meinte sie vorsichtig. Mein Körper fing an zu zittern und eine dröhnende Stimme kam aus meinem Mund und begrüßte sie. Cynthia erschrak genauso wie ich. Sie stellte eine Frage, und die Antwort, die darauf kam, war so tiefgründig, daß es mich neugierig machte.

Dann dämmerte mir, daß wir nicht einfach „mit den Führern sprachen" — ich bekam eine Durchgabe! Aber jetzt war es zu spät — ich hatte schon angebissen. Ich hörte den Worten zu, die aus meinem Mund kamen, und war bewegt von der Liebe und der Klarheit der Sichtweise. Die Worte kamen von einem viel höheren Standpunkt und aus einem viel tieferen Verständnis als alles, was ich je selbst hätte produzieren können. Cynthia fragte, wer sprach. Wir bekamen gesagt, es sei Sanat Kumara, ein Mitglied der Weißen Bruderschaft.

Am nächsten Tag versuchten wir es wieder. Dieses Mal stellte Cynthia eine Frage für ihre Mutter, Suzanne; es handelte sich darum, einen Versicherungsanspruch wegen eines kleineren Autounfalles geltend zu machen. Ich war sehr aufgeregt, als ich der Antwort zuhörte. Sie sagten, Suzanne solle sofort einen Chiropraktiker aufsuchen, weil zwischen dem vierten und fünften Halswirbel eine Bandscheibe herausgesprungen sei. „Oh, das ist gut", dachte ich, „da kriegt sie eine Arztrechnung." Cynthia sagte es ihrer Mutter, und Suzanne ging am Nachmittag zum Chiropraktiker.

Der Arzt untersuchte ihren Hals und konnte nichts finden. Suzanne erzählte ihm, sie hätte eine Botschaft erhalten, und bat um eine Röntgenaufnahme. Dem Arzt blieb der Mund offenstehen, als er die Aufnahme anschaute. „Die Bandscheibe ist zwischen dem vierten und fünften Halswirbel herausgesprungen. Woher wußten Sie das?"

Dieses Erlebnis setzte meiner Skepsis ein Ende. Ich wußte, daß diese Information keinesfalls aus meinem bewußten Denken kommen konnte. Kurze Zeit später fragte mich Sanat, ob ich bereit wäre, ein Buch für ihn zu empfangen. Ich sagte ja, und im September 1983 begann ich mit dem ersten Buch. Wie geheißen, ging ich jeden Morgen um 7 Uhr in Trance und stellte das Tonbandgerät an. Die Durchgaben dauerten etwa 20 Minuten und begannen jeden Morgen da, wo sie am Vortag geendet hatten. Das erste Buch brauchte etwa sechs Wochen, und ein zweites folgte. Ich bin sehr glücklich, daß sie jetzt auf deutsch im Ch. Falk-Verlag herausgekommen sind. Das erste heißt *Aufruf an die Lichtarbeiter* und das zweite *Zeit zur Freude*. Sie sind für diejenigen, die sie gelesen haben, eine große Hilfe beim spirituellen Erwachen gewesen, und ich bin glücklich, sie mit den deutschsprachigen Menschen teilen zu können. Meine Großmutter, die in Berlin geboren ist, wäre glücklich darüber!

In den Jahren, seit ich Durchgaben empfange, habe ich viel gelernt und bin sehr gewachsen. Damals in Wellington, Missouri, hatte ich Angst, vor meiner Englischklasse zu stehen, und jetzt lehre und leite ich Workshops überall in den Vereinigten Staaten und Europa. Ich habe das Privileg, dabei zu sein, wenn Menschen sich ihrer eigenen Herrlichkeit als in Form manifestierte Lichtwesen erinnern und sich als solche erleben. Ich bin geführt worden, so wie wir alle geführt werden.

Auf unserem Planeten findet ein spirituelles Erwachen statt. Du und ich sind Teil davon. Als Lehrerin in Missouri oder Hausfrau in Kalifornien wäre ich nie darauf gekommen, was für eine Rolle in diesem Erwachen ich die Freude haben würde zu spielen. Ich lade dich ein, deinem Herzen zu folgen und deiner eigenen Führung zu vertrauen, wenn du bei unser aller Annäherung an die Wahrheit dessen, wer wir sind, deine Rolle in diesem Erwachen entdeckst.

Teile dieses Buches sind Durchgaben. Ich bat darum, speziell Informationen über verlorene Seelen von einem Wesen zu erhalten, das mit dieser Arbeit zu tun hat. Die Wesenheit identifizierte sich als „Andon“. Sie ist mit den Elohim verbunden. Wir haben die Durchgaben in diesem Buch als solche *(Guidance)* gekennzeichnet. Hier ist etwas von dem, was Andon zu sagen hatte.

Kapitel 9

Guidance

Das Folgende wird von einem nicht verkörperten Geist geschrieben. Das heißt, daß wir ohne physische Form sind. Es gibt jedoch einen Unterschied zwischen uns und den Energien, die man verlorene Seelen nennt. Wir sind nicht mit einem Körper verbunden. Wir sind nicht mit Gegebenheiten in Zeit und Raum verbunden. Viele von uns haben niemals in einer physischen Form existiert; wir wissen, wer wir sind, und sind uns unserer Existenz als Teil Gottes gewiß. Wir wissen zu jeder Zeit um unsere Göttlichkeit. Eine verlorene Seele dagegen – die man manchmal auch eine niedere astrale Energie nennt – weiß nicht, daß sie jenseits von Zeit und Form ist. Sie hält ihre Identität, ihre Persönlichkeit und ihre Bindung an das physische Leben aufrecht. Die sogenannten Geister, die von einem Medium beschworen werden, gehören zu dem Bewußtseinsbereich, der verlorene Seelen umfaßt, denn diese Wesenheiten hängen noch an der physischen Form und identifizieren sich als Persönlichkeiten.

Wesen aus unserem Bereich hängen sich nicht an Form. Wir wissen, daß eine Persönlichkeit jederzeit hergestellt oder gewählt werden kann, und wir nehmen eine an, wenn das die Kommunikation mit Menschen einfacher oder wirksamer macht. Wir wissen jedoch, daß dies Eigenschaften oder Merkmale sind, die einer niederen Ebene angehören und die wir nach Belieben wählen können. Der Mensch hat sich so mit seiner Persönlichkeit und seinem Standpunkt identifi-

ziert, daß es ihm oft schwerfällt, seine Verbundenheit mit dem Universellen zu erleben.

Alles Leben, alle Form ist Bewußtsein. Du bist ein Wassermolekül in dem Ozean des Bewußtseins. Deine Getrenntheit ist eine Illusion. Die Unterscheidungslinien, die du gezogen hast, um dein Selbst als individuelles Bewußtsein abzutrennen, sind illusionär. Du hast dein Bewußtsein von dem Ozean des Bewußtseins abgespalten, um entdecken zu können, daß du ein Wassermolekül bist. Wenn es überall nichts anderes gibt als Wasser, dann kann das Wasser sich nicht erkennen. Wenn es nichts anderes gibt, gibt es keine Identität. Das Bewußtsein hat Form angenommen, um seine eigene Identität zu entdecken. Du hast das Spiel von Zeit, Raum und Form geschaffen, um zu entdecken, daß du Gott bist. Das Spiel hat jedoch, obwohl es letztendlich bedeutungslos ist, eine destruktive Richtung eingeschlagen. Anstatt das Leben zu feiern, hat der Mensch die Möglichkeit entwickelt, das Leben in so großem Ausmaße zu zerstören, daß der Schlag, den diese Zerstörung für das Bewußtsein bedeuten würde, weit über den Verlust individueller Leben und die Zerstörung der physischen Umwelt hinausginge. Deshalb bringen wir die Wahrheit zu dieser Zeit in vielen Formen auf diesem Planeten zum Vorschein. Die Auswirkung, die ein Atomkrieg auf den Ozean des Bewußtseins hätte, bestünde in einer Verzögerung oder gar einem Aufschub der Entdeckung der vereinzelten Bewußtseinsformen, daß sie Gott sind.

Jede destruktive Kraft hat den Anschein, etwas anderes zu sein als göttlich. Sogenannte negative Energie wird als polares Gegenteil zu Gott gesehen. Es gibt nur Gott. Positive

Handlungen, positive Gedanken, liebende Energie sind eine Spiegelung der Wahrheit des Göttlichen in allem. Sogenannte negative Handlungen, Gedanken oder Energien sind eine Verleugnung der Wahrheit. Das ist nur deshalb schlecht oder von Übel, weil es ein Ausdruck des Ignorierens der Wahrheit ist. Es ist eine Lüge. Es repräsentiert die Unwissenheit, den Grad der Getrenntheit, das Verhaftetsein an die individuelle Persönlichkeit und den Mangel an Bewußtheit darüber, daß alles und jedes Gott ist.

Deshalb versuchen wir, die Menschen an die Wahrheit zu erinnern, damit die Zerstörung vermieden werden kann und neue Entscheidungen für die Wahrheit und für das Feiern allen Lebens getroffen werden können. Letztendlich ist es einerlei, was geschieht. Zeit ist eine Illusion. Für das leidende individuelle Bewußtsein jedoch, das durch seine Gedanken von der Wahrheit seiner Identität getrennt ist, ist die Erfahrung von Zeit real, und die Auswirkung eines weltweiten Krieges würde das Leid der Getrenntheit verlängern.

Dieses Buch ist ein Versuch von uns, den Unsichtbaren, den in Form verkörperten Wesen dabei zu helfen, die Unsichtbaren zu befreien, die einst in einer Form waren und deren Bewußtsein sich an die Form gehängt hat, die sie einst bewohnten. Viele Bewußtseine, die für die Kommunikation mit Menschen zur Verfügung stehen, waren nie in einer Form. Das heißt, jene von uns, die im Moment durch die Autorin sprechen, haben nie eine physische Manifestation angenommen. Wir versuchen zu dieser Zeit eurer Evolution auf viele Weisen mit Menschen zu kommunizieren. Wir sehen, daß sich die Menschheit in ihrer Entwicklung an einem Scheideweg befindet. Diejenigen von euch, die jetzt auf der Erde in physischen Formen wohnen, stehen vor einer entscheidenden Wahl. Ihr steht vor der Wahl der Möglichkeit einer nuklearen Zerstörung. Diese Möglichkeit ist real, von unserer Sicht aus. Viele unsichtbare Bewußtseine sind besorgt, welche Wahl die Menschen in den nächsten zwei Jahrzehnten auf diesem Planeten treffen werden. Wir haben versucht, durch viele verschiedene Menschen mit der Erde zu kommunizieren, um das Bewußtsein des Planeten zu heben und es den Menschen überall auf dem Planeten zum Bewußtsein zu bringen, wie bedeutsam die Wahl zwischen physischer Zerstörung und spiritueller Erleuchtung ist. Wir sehen, daß die physische Zerstörung weitreichende Folgen haben könnte. Das heißt, wie gesagt, daß die Auswirkungen auf die individuellen Bewußtseine, die gegenwärtig verkörpert sind, weit verheerender sein könnten als eine bloße Vernichtung physischen Lebens. Wir sehen die Möglichkeit, daß die Evolution des Bewußtseins aller beteiligten Wesen weit zurückgeworfen werden könnte. Wir sagen weiter, daß die Auswirkungen nuklearer Zerstörung das Zurückfinden zu der Bewußtheit, daß die Seele göttlich ist, um Äonen von Erdenjahren verzögern würde.

Wir fordern deshalb dich als individuelles Bewußtsein dazu auf, dich bewußt dafür zu entscheiden, destruktive Gedankenmuster und Überzeugungen aus deiner eigenen mentalen Bewußtheit zu entfernen. Die von jedem individuellen Bewußtsein getroffene Wahl ist von höchster Bedeutung und hat eine Wirkung auf den Ozean allen Bewußtseins. Wenn du also deine eigene persönliche Schwingung auf eine Energieebene von göttlicher Liebe anhebst, dann hat das eine Wirkung auf die Gedankenmuster aller Men-

schen. Du kannst, wenn du deine persönliche Wut, deinen Haß oder deine Vorurteile auch nur im kleinsten Bereich deiner Gedanken losläßt, einen Einfluß auf alles Leben ausüben. Wenn du dich bewußt dafür entscheidest, die Göttlichkeit aller Menschen in jedem Individuum zu sehen, mit dem du zu tun hast, gibst du der Bewußtheit des ganzen Bewußtseins einen Anstoß zur Wahrheit hin. Deine Rolle ist nicht unbedeutend. Du kannst die Entscheidung für das Licht unterstützen, indem du jeden Menschen als einen Funken göttlicher Energie betrachtest und mit ihm so umgehst, als sei er genauso göttlich, wie du es bist. Wir ermutigen dich, negative Gedankenmuster in deinem eigenen Bewußtsein aufzugeben und deine eigene Göttlichkeit in all deinen Handlungen und Einstellungen zu leben. Wir ermutigen dich, die Wahrheit deiner eigenen Göttlichkeit zu entdecken und zu leben. Du wirst dadurch das Bewußtsein der ganzen Menschheit beeinflussen. Wenn du also sogenannte Negativität losläßt, dann hat das einen viel weitreichenderen Nutzen als den, dich persönlich harmonisch und friedlich zu machen. Indem du dein eigenes Bewußtsein in das göttliche Licht des Gottes erhebst, den wir alle spiegeln und manifestieren können, kannst du das Bewußtsein des Planeten heben. Die Form des Göttlichen ist überall um dich herum. Wenn du dich selbst und alle anderen als Ausdruck Gottes behandelst, lebst du die Wahrheit, und die Wahrheit wird sich auf der Erde ausbreiten. Wir ermutigen dich, das zu tun. Amen.

* * *

Du, der du dieses Buch liest, kannst dem Bewußtsein des Planeten einen Anstoß geben, indem du dein Denken von negativen Urteilen über dich selbst und andere in ein Annehmen und schließlich das Feiern der unendlichen Vielfalt des Ausdrucks der Göttlichkeit verwandelst. Jeder Mensch, mit dem du zu tun hast, ist Gott, der in einer Form spielt. Die Vielfalt, in der Bewußtsein physischen Ausdruck findet, ist wahrlich unendlich. Deine Weise ist nicht die einzig richtige. Anstatt nach anderen zu suchen, die so sind wie du, und diejenigen, die anders sind als du, negativ zu beurteilen, kannst du den Humor und die Vielfalt der göttlichen Energie feiern. Die Menschen neigen dazu, die Bequemlichkeit der Ähnlichkeit zu suchen, anstatt die Verschiedenheiten zu feiern, die ihre Erfahrung von Allem, Was Ist, bereichern könnten. Wir laden dich ein, die Verschiedenheiten in den anderen als eine Gelegenheit zu akzeptieren, die Vielfalt, die Gott ist, kennenzulernen und dich daran zu erfreuen.

Wir laden dich auch ein, dich aller Aspekte deines eigenen vielfacettigen Seins zu erfreuen. In dem Bestreben, die Unsicherheit des Menschseins zu mildern, und in dem Versuch, ihr Selbst als menschlich zu identifizieren, begrenzen die Menschen ihre Erfahrung von sich selbst. Der Mensch ist nicht dies oder das. Die Menschen haben das Potential, ein weites Spektrum von Farben in ihren Gedanken und Handlungen zu manifestieren. Wenn du dich als Sänger bezeichnest, dann begrenzt das eher deine Identität und schließt die Aspekte deines Potentials aus, denen zufolge du auch Maler, Tänzer oder Schriftsteller bist. Menschen können sich ausdrücken; das heißt, sie können göttliche Energie in vielfältigen Weisen zum Ausdruck bringen. In dem Versuch, mit der riesigen Spannweite des Selbst fertigzuwerden, neigen die Menschen dazu, ihre Definition von sich selbst zu begrenzen und zu sagen, sie seien dies oder jenes. Das ist nicht die Wahrheit. Jemand singt vielleicht häufiger, als er tanzt oder malt oder schreibt, aber die Bezeichnung „Sänger“ schließt eher die Möglichkeiten aus, als daß sie die Wahrheit all der verfügbaren Formen der Manifestation göttlicher Energie zum Ausdruck bringt.

Die Menschen setzen sich auch dadurch Grenzen, daß sie ihre Handlungen als gut oder schlecht bewerten. Ihr seid eure eigenen Lehrer geworden, die sich ständig selbst Noten geben. Eure Handlungen sollen als Manifestationen der göttlichen Energie durch eure physische Form betrachtet werden. Wir sagen nicht, daß irgendeine Handlung mit der Wahrheit eurer Göttlichkeit übereinstimmt. Manche Handlungen sind eine Lüge, weil sie nicht die Handlungen eines Gottes sind, der in einer Arena göttlichen Bewußtseins mit anderen Göttern interagiert. Das heißt, wenn du deine Gedanken und Handlungen als das Spiel Gottes betrachtest, dann wirst du dich selbst und andere eher mit Liebe und Achtung behandeln. Die sogenannten negativen Gefühle, Gedanken und Handlungen, mit denen die Menschen auf sich selbst und andere reagieren, zeugen davon, daß sie die Wahrheit nicht kennen. Wenn du dich auf deine wahre Identität konzentrierst, werden sich deine Gedanken, deine Einstellungen und Handlungen verändern: sie werden nicht mehr destruktiv oder niederdrückend, sondern aufbauend und inspirierend sein. Du hast deine Liebe und Achtung verdient. Andere haben deine Liebe und Achtung verdient. Sogar die Gegenstände in deinem Leben verdienen die Ach-

tung, die du ihnen eher entgegenbringen wirst, wenn du sie als göttliches Bewußtsein in fester Form siehst. Wenn du beginnst, die Wahrheit der Göttlichkeit aller Dinge zu erleben, wird es ganz natürlich für dich werden, dein Leben in Liebe und Achtung zu leben. Du kannst deine Wahrnehmung verändern und die Wahrheit leben und sehen, und damit wirst du dem Bewußtsein des Planeten einen Anstoß geben. Wir laden dich ein, dein Selbst zu erkennen. Amen.

* * *

Dieses Buch ist für dich bestimmt. Du kannst deinen Freunden und dir selbst helfen, die Wahrheit deiner Existenz zu entdecken und zu manifestieren. Du brauchst nicht damit zu warten, deine eigene Göttlichkeit in die Welt hinaus zu bringen. Viele Menschen bringen ihre innere Göttlichkeit deshalb nicht nach außen, weil sie meinen, nicht ständig das Göttliche manifestieren zu können. Sie denken, sie können nicht immer, wie man sagt, „gut" sein, deshalb bringen sie das Gute lieber überhaupt nicht zum Ausdruck. Der Denkfehler dabei liegt darin, daß man meint, die Ereignisse seien miteinander verbunden. Das ist nicht so; es ist ein weitverbreiteter menschlicher Irrtum. Wenn ein Mensch zehn „gute" Dinge tut (wir benutzen die Etikettierungen des menschlichen Denkens, um diesen Punkt zu erläutern), und er tut dann eine Sache, die er oder andere für „schlecht" halten, negieren und verwerfen er und die anderen die zehn guten Dinge, weil diese eine schlechte Sache da ist. Das macht die Zeit linear. Sie ist nicht linear. Die gleiche Person kann heute X tun und morgen Y und am nächsten Tag Z, ohne schlecht oder böse zu sein oder das Leben zu negieren.

Menschen denken, Handlung sei fortlaufend. Menschen denken, Zeit sei linear. Zeit existiert jedoch nicht. Alles, was existiert, ist der Augenblick. Sogenanntes gutes Handeln hängt daher nicht mit sogenanntem schlechten Handeln zusammen. Handlungen sind getrennt. Sie beziehen sich nicht wirklich aufeinander. Wenn also jemand etwas tut, das ein anderer als schlechte Tat bezeichnet, dann heißt das nicht, daß der Mensch schlecht ist oder daß alle seine Handlungen schlecht sind. Menschen trennen sich daher voneinander, wenn sie Handlungen beurteilen, die scheinbar auf den Charakter des Menschen schließen lassen, der sie begeht. Es ist nicht angemessen, sich aus irgendeinem Grund von einem anderen Menschen abzuwenden. Die Handlungen eines anderen zu verurteilen und dieses Urteil als Grund dafür zu benutzen, ihm eure Zuneigung und euer Vertrauen zu entziehen, ist keine erleuchtete Reaktion. Man muß jeden Augenblick einzeln nehmen, nicht das Kontinuum der illusionären Zeit.

Jeder Mensch urteilt nicht nur über andere, sondern auch über sich selbst. Wenn man also eine Handlung begeht, die man als schlecht bezeichnet, besteht die Neigung, sich selbst als schlecht zu bewerten. Das ist auch nicht richtig. Die Menschen haben sich von anderen und von ihrer eigenen Göttlichkeit abgetrennt, indem sie Menschen aufgrund von einzelnen Handlungen beurteilt haben. Menschen entfremden sich von der Erfahrung ihrer eigenen Göttlichkeit, weil sie sich aufgrund von Handlungen, die sie selbst als schlecht bewerten, für schlecht halten. Manchmal liegen diese Hand-

lungen in früheren Leben, und der Mensch fühlt unterbewußt, daß er ganz bestimmt schlecht ist.

Dieses Buch soll dem Leser ermöglichen, in sich hineinzuschauen und seine eigene verlorene Seele zu entdecken. Vielleicht ist noch ein anderes Wesen in deinem Körper. Dieses Wesen ist vielleicht verloren. Das verlorene Wesen in deinem Körper bist vielleicht du selbst. Dein Kopf hat dich Äonen von sterblicher Zeit von dem getrennt, was du in Wahrheit bist. In diesem Leben entdecken viele von euch die Wahrheit dessen wieder, wer sie sind, und nehmen ihr ganzes Sein wieder vollständig in Besitz. Wir möchten euch dazu beglückwünschen und euch wissen lassen, daß der Weg die Mühe der Reise in unerforschte Bereiche lohnt. Wir möchten euch wissen lassen, daß viele Wesen in vielen Dimensionen der Realität euren Weg achten und segnen, und wir heißen euch willkommen daheim in eurem wahren Selbst. Gott segne euch.

* * *

Ihr seid Äonen von physischer Zeit durch Raum und Zeit gereist und habt euch in verschiedenen Lebensformen manifestiert. Ihr seid oft mit derselben Gruppe von Menschen unterwegs gewesen; ihr habt vielleicht bemerkt, daß eure Familie über die Gruppe hinausreicht, in der ihr geboren wurdet. Dieses Wiedererkennen alter Bande kommt von der Tatsache, daß ihr in früheren Leben Vereinbarungen mit den Menschen getroffen habt, die eure Seelenfamilie bilden. Manchmal gehört ein Mensch gleichzeitig zu eurer Familie und zu eurer Seelenfamilie. Dies ist eine sehr reiche Zeit. Wir möchten euch jedoch wissen lassen, daß es Zeit ist, eure unmittelbare Seelenfamilie zu erweitern und alle darin aufzunehmen, mit denen ihr in Berührung kommt. Jeder Mensch, der mit eurer Schwingung in Berührung kommt, wird durch den Kontakt verändert. Deshalb sind eure Gedanken und Urteile so wichtig. Hegt keine negativen Gedanken gegen euch selber oder andere. Nehmt die Gelegenheit wahr, in eurem Umgang mit anderen etwas über euch selbst zu entdecken.

* * *

Wir sind hier, um euch in eurer wachsenden Bewußtwerdung der Göttlichkeit zu unterstützen und in eurer Erkenntnis der Wahrheit, daß alle Existenz eine Spiegelung der Energie und des Willens Gottes ist.

Jedesmal, wenn eine verlorene Wesenheit der Wahrheit näherkommt, daß sie eine Spiegelung und ein Teil der göttlichen Energie ist, rückt das ganze Bewußtsein näher an den Punkt, wo die Wahrheit seiner Identität manifest wird. Jedesmal, wenn du eine verlorene Seele befreist und sie zum Licht und zur Wahrheit ihres Einsseins mit dem Aspekt aller Energie, der Gott genannt wird, zurückbringst, hebst du das ganze Bewußtsein näher an die Wahrheit. Ebenso rückst du selbst der Wahrheit jedesmal näher, wenn du dich an die Wahrheit erinnerst, daß du in Form manifestierte göttliche Energie bist. Du spielst auf der von dir ersonnenen Bühne in deinem ganz bestimmten Kostüm die Rolle, die du dir in einer Geschichte geschaffen hast, die dein eigenes höheres Bewußtsein wählte, um dein Bewußtsein zu erheben.

Jedesmal, wenn ein Wesen sich der Wahrheit annähert, kommen alle Wesen der Wahrheit näher. Deshalb hatten die alten Weisen, die abseits von ihren Mitmenschen meditierten und beteten und nach dem Göttlichen in ihrer eigenen Erfahrung suchten, tatsächlich – indem sie der Wahrheit ihrer eigenen Identität näherkamen – einen Einfluß auf alle Wesen auf der Erde. Ihr Körper war isoliert. Ihr Bewußtsein berührte jedoch alles Bewußtsein, wenn sie entdeckten, wer sie in Wahrheit waren. Deshalb hebt jeder Versuch, den du als Individuum unternimmst, um der Wahrheit näherzukommen und die Wahrheit in deinen Gedanken und Handlungen zum Ausdruck zu bringen, das Bewußtsein aller Wesen und läßt den Tag schneller herbeikommen, an dem die ganze Menschheit sich darin erinnert, wer sie ist. Wenn das geschieht, wird die Menschheit nicht nur das Rad des Karma hinter sich lassen, sondern sie wird auch allen Glauben an Zeit auflösen, und Karma wird keine Überzeugung mehr sein, auf der die Realität der Menschheit beruht.

Karma ist die Überzeugung, daß die Gegenwart sich auf die Vergangenheit bezieht. Diese Ansicht leugnet die Wahrheit, daß Zeit nicht existiert und daß jeder Augenblick neu von der göttlichen Energie geschaffen wird, der es gefällt, in physischer Form zu spielen. Wenn der Mensch die Verantwortung für die Wahrheit seiner Identität übernimmt, dann hört die Zeit auf, und im Bewußtsein des Menschen gibt es nur die Gegenwart – so wie es jetzt in

Wahrheit ist. Wenn der Mensch die unendliche Macht entdeckt, die mit seiner physischen Manifestation verbunden ist, dann wird die Menschheit wissen, daß sie alle stofflichen und nicht-stofflichen Wesenheiten und Dinge in dem Augenblick erschafft, in dem sie sie wahrnimmt. Sie werden buchstäblich vom Menschen selbst ins Sein gerufen. Wenn daher die Wahrheit der Göttlichkeit allen Seins universell angenommen ist, dann hört auf dem Planeten Erde alles Leid auf. Wenn einmal der Glaube an das Karma überwunden ist, wird die Menschheit wissen, daß es keine vergangenen Handlungen gibt, für die sie bestraft werden müßte. Armut oder Hunger oder emotionaler, seelischer oder körperlichen Schmerz werden nicht mehr nötig sein. Es wird auch keine Krankheit mehr geben, denn Krankheit beruht auf der Idee von Unvollkommenheit und Unwohlsein in bezug auf den physischen Körper. Ein Mensch, der Krankheit manifestiert hat, hält sich für das Opfer der Krankheit, anstatt zu sehen, daß er der Schöpfer der Umstände ist, die es ihm ermöglichen, an seiner eigenen Idee von Karma teilzunehmen.

Dieses Buch handelt von verlorenen Seelen und entkörperten Wesenheiten. Es sind Wesenheiten, die ihren Körper verlassen haben, ohne jedoch die physische Ebene oder die Persönlichkeit, die zu ihrer körperlichen Existenz gehörte, zu verlassen. Wie schon gesagt, sind verlorene Seelen nicht nur jene, die ihren Körper verlassen haben. Verlorene Seelen sind die, die ihre wahre Identität verloren haben. Wesen in Körpern, die die Wahrheit ihrer Identität vergessen oder vor sich selbst und anderen verborgen haben, können mit Recht verlorene Seelen genannt wer-

den. Es ist Zeit, daß alle verlorenen Seelen zur Wahrheit zurückkehren.

Du, der du dieses Buch liest, hast dich so mit deiner physischen Realität und mit der Persönlichkeit, die zu deiner gegenwärtigen physischen Form gehört, identifiziert, daß auch du deine wahre Identität nicht mehr erkennst. Du hältst dich für männlich oder weiblich, einen Amerikaner, Engländer oder Deutschen. Du hältst dich für evangelisch, katholisch, jüdisch oder atheistisch. Du definierst dich durch deine beruflichen und sozialen Rollen. Du siehst dich als Schauspieler, Geschäftsmann, Sänger oder Schriftsteller. Du bist nichts von alledem. In Wahrheit bist du die Göttlichkeit, die sich in der Weise in Form ausdrückt, die du gewählt hast, um dein wahres Selbst zum Ausdruck zu bringen. Wenn du ein Mann bist, hast du gewählt, deine Göttlichkeit durch eine männliche physische Form auszudrücken. Ebenso sind alle anderen Aspekte von dir, von denen du gedacht hast, das seist du, nur Aspekte, die du angenommen hast, um die Göttlichkeit auszudrücken, die du bist. Das menschliche Ego fühlt sich durch jedes Abrücken von der normalen Identität, für die es sich hält, bedroht. Das Ego begreift deshalb nur mit Schwierigkeiten, daß du weder Mann noch Frau bist, sondern beides, und daß du deshalb jede Qualität ausdrücken kannst, ob diese nun als männlich oder als weiblich bezeichnet wird. Das Ego hat sich insbesondere mit deiner Beschäftigung identifiziert oder, genauer gesagt, mit dem, was du kannst. Ein Mensch mit einer sogenannten schönen Stimme identifiziert sich deshalb als Sänger oder Sängerin. Seine oder ihre Identität wird in die Stimme verpackt. Es wird übersehen, daß die Stimme nur ein Werkzeug ist, durch das die göttliche Energie gewählt hat, sich auszudrücken. Ebenso wie mit Talent oder Können identifiziert das Ego sich auch mit Nicht-Können. So stellen sich die Menschen in ihrer Selbsteinschätzung unter andere, indem sie sagen, sie haben keine gute Stimme, können nicht gut mit Zahlen umgehen, sind nicht redegewandt oder künstlerisch begabt. Das Ego benutzt einen angeblichen Mangel an Talent oder Können, um seine eigene Göttlichkeit zu verleumden. Die wahre Identität sowohl der Talentierten als auch jener, die sich als untalentiert einschätzen, ist also von der Identifikation mit dem Talent oder dem Mangel daran verdeckt. All diese falschen Identifikationen führen zum Verlust der wahren Freude an der Gelegenheit, göttliche Energie durch Form zu manifestieren. Du hast diese Gelegenheit. Wir laden dich ein, die Gelegenheit, die du dir gegeben hast, wahrzunehmen.

* * *

Die sogenannten verlorenen Seelen existieren in einer Ebene der Realität, die als Astralebene bezeichnet wird. Diese Wesen existieren, auch wenn sie an einem physischen Ort gefangen sind, in einer anderen Dimension als die Menschen. Auf der astralen Ebene gibt es viele verlorene Seelen oder entkörperte Wesenheiten. Es ist die Ebene der sogenannten „Geister". Die Wesen, die auf dieser Ebene gefangen sind, wissen oft nicht, wo sie sind oder was los ist. Sie fühlen sich verloren. Manchmal haben sie das Gefühl, dahinzutreiben. Die Wesen, die in einem anderen physischen

Wesen gefangen sind, sind nicht die einzigen verlorenen Seelen der Astralebene. Diese Realitätsebene existiert jenseits der physischen Realität, mit der ihr euch identifiziert. Diese Ebene enthält viele separate Wesenheiten. Sie sind gefangen und verloren, obwohl sie nicht von einem Körper umgeben sind.

Diese Seelen, die ihren physischen Körper verlassen haben, aber an die physische Ebene gebunden bleiben, sind in einer Zwangslage. Sie sind weder irdisch noch ganz geistig, denn sie erkennen ihre wahre Natur nicht. Viele erkennen nicht, daß sie nicht mehr in einem eigenen physischen Körper sind. Sie haben sich so mit der physischen Ebene identifiziert, daß sie für den Verlust ihres Körpers blind sind.

Wenn man diese Seelen von der Illusion der physischen Welt befreit und sie zu der Wahrheit zurückbringt, daß sie ein Ausdruck göttlicher Energie sind, befreit man den Planeten von Illusion. Die Übung erinnert dich, der du in einer physischen Form bist, daran, daß du nicht die Form oder die Persönlichkeit bist, mit der du dich identifiziert hast. Wenn du an der Befreiung dieser verlorenen Seelen mitarbeitest, wirst du merken, wie sehr deine eigene Identität in deiner physischen Form, deiner Persönlichkeit und deiner persönlichen Geschichte verankert ist. Wenn du an anderen Wesen hängst, dann liegt das daran, daß du dich mit der Form und der Geschichte deiner persönlichen Illusion identifizierst. Letztlich bist du mit allem Leben in gleichem Maße verbunden und gleichzeitig nicht verbunden. Deine persönliche Geschichte hat dich jedoch gefühlsmäßig an bestimmte Ausdrucksformen der göttlichen Energie gebunden und dich durch deine persönlichen Emotionen von anderen Aus-

drucksformen dieser Energie entfernt. Letztlich bist du mit allen Ausdrucksformen der göttlichen Energie gleichermaßen verbunden oder unverbunden. Deine Verbindungen sind Teil des Ausdrucks deiner persönlichen Geschichte. In dem Maße, wie du dich von deiner persönlichen Geschichte entfernst oder befreist, läßt du auch die Anhänglichkeiten an bestimmte andere Menschen los. Die andere Seite dieses von dir vielleicht als Verlust empfundenen Phänomens ist die Tatsache, daß du das Allgemeine gewinnst, wenn du das Besondere losläßt. Das heißt, du kannst dich allen Lebewesen und letztlich allen Ausdrucksweisen – in Form oder nicht – verbunden fühlen. Du kannst zu allen Ausdrucksformen Gottes die gleiche freudige Beziehung haben. Das ist der Weg des Heiligen. Der Heilige sieht Gott überall, nicht nur in den Augen eines bestimmten Auserwählten.

Die verlorenen Seelen sind in ihrer Erdgebundenheit gefangen. Sie sind gestorben, ohne ihre wahre Identität zu erkennen. Wenn ihnen bewußt gewesen wäre, daß sie ein Teil Gottes oder ein Aspekt göttlicher Energie sind, dann wären sie sofort ins Licht zurückgekehrt. Diese Wesen wissen nicht, daß sie mehr sind als der Körper oder die Persönlichkeit einer bestimmten Inkarnation. Wenn sie ins Licht zurückgeschickt werden, so ist das deshalb in gewisser Weise wirklich erleuchtend für sie. Bis zu ihrer Befreiung ins Licht haben sie ihre Erfahrung ihrer selbst auf die Inkarnation, mit der sie sich noch immer identifizieren, begrenzt. Sie erkennen nicht, daß die Inkarnation nur ein Kostüm war, das sie sich angezogen haben, um an einem bestimmten Schauspiel mitzuwirken. Sie sind wie Schauspieler, die so in dem Drama, das sie inszenieren, gefangen sind, daß sie, wenn der Vorhang fällt, von der Bühne herunterwandern und sich in der Menge verlieren, die das Theater verläßt. Sie werden orientierungslos, da das Drama, mit dem sie sich noch immer identifizieren, außerhalb der Bühne keine Realität hat. Sie wollen ihr Kostüm nicht ausziehen und die Geschichte verlassen, die sie auf der Bühne aufgeführt haben.

Du, der du die Gelegenheit hast, diese verwirrten oder wütenden Seelen zu befreien, kannst die Rolle dessen übernehmen, der einen anderen erleuchtet. Du hast die Fähigkeit, die Macht und die Erlaubnis, deine leidenden Mitseelen zu erlösen. Du kannst sie ins Licht zurückschicken und sie so aus ihrer Bindung an die Geschichte befreien, die sie inszeniert haben; auf diese Weise kannst du ihnen ermöglichen, eine Ahnung oder hoffentlich ein Verständnis von ihrer wahren Identität zu bekommen. Wir würdigen deine Liebe und Sorge für deine Mitmenschen, ohne die du dieses Buch nicht lesen würdest und die du auch brauchen wirst, wenn du Gelegenheit hast, die Informationen in diesem Buch zur Erlösung eines solchen gefangenen Wesens zu benutzen. Wir danken dir.

Die meiste Arbeit, die zu tun ist, können wir nicht selber tun. Wir versuchen, diese Wesen zu erreichen, aber es ist uns oft nicht möglich, durch das Bewußtsein des Wirtes hindurch mit der gefangenen Wesenheit in einer Weise zu kommunizieren, die sie befreien könnte. Deine Hilfe ist deshalb sehr wertvoll, und wir schätzen sie.

Diejenigen von euch, die diese Information lesen, werden zu irgendeinem Zeitpunkt Gelegenheit haben, sie zu nutzen, um einem Freund zu helfen. Es wird vielleicht nicht sofort geschehen. Aber es wird eine Zeit kommen, wo du die Anzei-

chen der Anwesenheit einer anderen Energie in einem Menschen, den du kennst, erkennen kannst. Wenn das geschieht, schlagen wir vor, daß du deinem Feund oder deiner Freundin anbietest, seine oder ihre Energie zu überprüfen. Du brauchst dich dabei nicht übermäßig dramatisch oder bedrohlich zu gebärden. Dieser Vorgang ist nichts Unnormales und auch kein dunkler Okkultismus. Er ist so einfach, wie wenn du einem Freund einen Splitter aus der Hand ziehst. Es kann auf ganz ähnliche Weise geschehen. Du siehst ein Bedürfnis und bietest deine Hilfe an. Es braucht nicht dramatisch zu sein. Viele Menschen assoziieren mit dem Gedanken der Anwesenheit einer anderen Energie in jemandes Körper etwas Übles. Wie gezeigt, sind diese verlorenen Wesen nicht böse und brauchen nicht als böse behandelt zu werden. Das würde im Gegenteil ihr Leid noch verstärken. Deine Aufgabe ist, sie ins Licht zurückzubringen, und das kann auf leichte Weise geschehen.

Wir raten dir natürlich, dich beim Anbieten deiner Hilfsdienste diskret zu verhalten. Du mußt auch wissen, daß der Prozeß ziemlich tiefgreifende Folgen haben kann, und mußt bereit sein, deinem Freund oder deiner Freundin hinterher zur Seite zu stehen. Dein Freund geht vielleicht noch einige Tage lang durch eine Phase der Orientierungslosigkeit und braucht vielleicht deine Unterstützung. Der Verlust einer Energie, die über Jahre hinweg dagewesen ist, wird oft als tiefer persönlicher Verlust erlebt, und der Befreiung dieser Energie kann eine Zeit der Trauer folgen. Dieser Prozeß ist deshalb kein Salonspielchen und auch kein magischer Trick, bei dem du mit deinen okkulten Kräften prahlen kannst. Es ist ein tiefgreifender Vorgang und sollte mit der Achtung behandelt werden, die dein Freund verdient. Du würdest dir für dich dasselbe wünschen.

Die Seelen, die sich im Körper eines anderen Menschen gefangen haben, sind Teile des Bewußtseins, die sich aus dem Fluß von Geburt – Leben – Tod entfernt haben. Sie sind mit ihrem Festhalten an ihrer Identität in eine Sackgasse geraten. Für das Bewußtsein des Planeten ist es sehr nützlich, wenn diese Wesen befreit werden und weitergehen können. Es ist auch für sie selbst sehr nützlich. Viele von ihnen wissen nicht, daß sie tot sind. Andere wissen nicht, daß ihnen verziehen werden kann, weil sie sich selbst nicht verziehen haben. Wieder andere haben schreckliche Angst davor, die physische Ebene und ihre Identifikation mit ihrer bestimmten Geschichte zu verlassen. Es ist tatsächlich wie in einer Vorhölle. Da diese Wesen keine direkte Macht in der Welt haben, können sie nur den Wirt beeinflussen. Dieser Einfluß ist störend. Die Befreiung dieser Seelen hebt das Bewußtsein des Planeten.

* * *

Die Befreiung verlorener Seelen ist zu dieser Zeit für euren Planeten von höchster Wichtigkeit. Diese Energien sind in einem astralen Bereich gefangen, den sie als Realität wahrnehmen. Sie müssen zur Wahrheit zurückgeführt werden, genauso wie die Menschen, die in der Illusion einer physischen Realität gefangen sind, zur Wahrheit ihrer Identität zurückgeführt werden müssen. Die in der astralen Illusion gefangenen Seelen werden in dem Irrtum ihrer Identi-

tätswahrnehmung weiterleben, wenn sie nicht aus dieser Illusion befreit werden. Sie werden fortfahren, sich selbst fälschlich als die Persönlichkeit des gerade zurückgelassenen Lebens wahrzunehmen. Sie sitzen fest, sie identifizieren sich als die Persönlichkeit mit der Geschichte, von der sie vergessen haben, daß sie sie sich selbst als Lernerfahrung auf ihrem Weg zurück zu dem EINEN erschaffen haben. Solange sie sich weiter mit ihrem letzten Leben identifizieren, haben sie nicht die Gelegenheit, ihrer eigenen Wahrheit näherzukommen.

Die Menge der Wesen, die in den astralen Bereichen um euren Planeten herum gefangen sind, ist enorm. In eurer Dimension hat eine solche Identifikation mit der physischen Form stattgefunden, daß sie weit über das hinausging, was man sich vorgestellt hatte, als das Spiel der Erfahrung der Dualität von uns allen erschaffen wurde. Diese Wesen, die in den astralen Ebenen gefangen sind, haben sich so mit ihren physischen Formen identifiziert, daß sie in eine nicht-physische Dimension eingingen und dabei immer noch an der Illusion hängen, sie seien ihre physische Form. Diese Illusion muß aufgelöst werden, bevor sie von ihrer Bindung an ihre physische Form loskommen können. Du, der du die Wahrheit weißt und dich noch in einer physischen Form befindest, kannst sie viel leichter erreichen als wir aus unseren leichteren nicht-physischen Dimensionen. Sie glauben an deine Realität, nicht an unsere, und sind deshalb für die Kommunikation mit dir in physischer Form viel offener als mit Wesen in einer nicht-physischen Dimension. Sie hängen an der physischen Form und wehren sich gegen die nicht-physische. Unsere Versuche, sie zu erreichen, gelangen des-

halb nicht in ihre Realitätserfahrung.

Unsere Schwierigkeiten, diese gefangenen, sogenannten „verlorenen" Seelen zu erreichen, sind ähnlich wie die Schwierigkeiten, die wir von unserer Dimension aus damit haben, viele von euch in physischer Form zu erreichen. Ihr habt euch oft so mit eurem physischen Sein identifiziert, daß ihr für Mitteilungen von uns, die wir in einer nichtphysischen Dimension leben, nicht offen seid. Doch das Tor der Kommunikation zwischen unserer Dimension und der euren beginnt sich zu öffnen. Dieses Gespräch ist ein Beispiel für diese Öffnung.

Bis vor kurzem war es für uns, wenn wir mit euch kommunizieren wollten, nur möglich, dazu den Traumzustand eures Bewußtseins zu benutzen. Diese Versuche gelangen bestenfalls sporadisch. Erst seit kurzem ist die Wichtigkeit der Botschaften, die im Traumzustand empfangen werden, allgemein anerkannt. Bislang wurden die Menschen, die Visionen hatten und an die Wirklichkeit der im Traum empfangenen Botschaften glaubten, entweder als religiöse Mystiker oder als Außenseiter eingestuft. Das gelegentlich vorkommende Genie, das den Wert der Inspiration und der im Traum empfangenen Botschaften erkannte, war eine Ausnahme. Neuerdings hat eure Psychologie und Psychoanalyse den Wert der Eingebungen und Botschaften, die ihr in symbolischer Form im Schlaf bekommt, anerkannt. Doch ist von den meisten, psychologisch ausgerichteten Analysen noch nicht erkannt, woher diese Botschaften tatsächlich kommen. Man hält den Keller des menschlichen Unterbewußtseins für das Lagerhaus, aus dem diese visionären Träume kommen. Es ist noch nicht erkannt worden, daß diejenigen von uns, die die Entwicklung des menschlichen Bewußtseins von nicht-physischen Dimensionen aus leiten oder zu leiten versuchen, mit euch in der physischen Form kommunizieren, indem sie die Gedankenformen in euer Bwußtsein senden, während dieses sich in dem empfänglichen Zustand befindet, den der physische sogenannte „Schlaf" hervorruft.

Wenn der physische Körper ruht, ruht auch der Mentalkörper. Wenn der Mentalkörper ruht, erschafft das bewußte Denken nicht die zerstreuenden Gedanken, die die Wahrnehmung und den Empfang der Eingaben aus anderen Dimensionen blockieren. Deshalb ist schon immer, die ganze Entwicklung eures Bewußtseins hindurch, von den spirituell Wissenden die Meditation empfohlen und benutzt worden. Denn Meditation ist ein Weg, das bewußte Denken zur Ruhe und in einen aufnahmebereiten Zustand zu bringen, während die Wahrnehmung, die der physischen Form im Wachzustand eigen ist, bestehen bleibt. Auf diese Weise konnten diejenigen von uns, die mit dem höheren Bewußtsein und der sogenannten höheren Realität des Individuums verbunden sind, mit dem Wachbewußtsein der Wesenheit kommunizieren. Manchmal findet diese Kommunikation in direkter Sprache statt, manchmal in symbolischer Form. Jedenfalls stellt die Meditation immer eine Gelegenheit dar, daß menschliche Wesen Botschaften aus anderen Ebenen der Realität empfangen können.

Manchmal ist es beim ersten Versuch des Meditierens sehr schwierig, das Geschnatter des bewußten Denkens abzuschalten. Es erfordert Disziplin, Übung und das Vertrauen, daß es etwas gibt, was jenseits des bewußten Denkens liegt.

Dieses Vertrauen hängt mit dem angeborenen Verlangen zusammen, zur Wahrheit der eigenen Existenz zu gelangen. Dieser Wunsch ist in jedem Menschen vorhanden, wie tief vergraben oder aus dem bewußten Denken entschwunden er auch sein mag. Du kannst sicher sein, daß deine Brüder und Schwestern auf irgendeine Weise dasselbe Verlangen nach der Wahrheit haben, das du in dir zu fühlen beginnst.

Kapitel 10

Wenn ein Klient zu einer Sitzung kommt, dann sprechen wir zuerst eine Weile miteinander, um herauszufinden, woran wir in dieser Sitzung arbeiten müssen. Ich habe mir angewöhnt, wenn ich das erste Mal mit einem neuen Klienten arbeite, routinemäßig nach verlorenen Seelen auszuschauen. Wenn in der anderthalbstündigen Sitzung noch Zeit ist, machen wir dann eine Rückführung. Das Eingangsgespräch hilft, außer den Kontakt herzustellen, auch, das Thema einzugrenzen, um das es bei der Rückführung geht, oder wenn nötig, eine andere Technik zu finden. Da es oft Familienmitglieder sind, die nach ihrem Tode noch an den Leuten hängen, frage ich, ob die Eltern des Klienten noch leben, und wenn nicht, wie sie geheißen haben. Auf diese Weise kann ich, wenn als fremde Energie in dem Klienten ein Elternteil auftaucht, gleich erkennen, in welcher Beziehung sie zu ihm steht.

Wenn wir bereit sind anzufangen, legt sich der Klient oder die Klientin hin, und ich sitze rechts von ihm oder ihr. Die Klienten sind nach dem Entspannungsprozeß in einem veränderten Bewußtseinszustand, in dem die Körpertemperatur absinkt, deshalb decke ich sie gewöhnlich mit einer leichten Decke zu, wenn sie sich hinlegen. Hypnose ist sehr schwierig einzugrenzen. Meine Klienten sind nach dem üblichen Entspannungsprozeß nicht in tiefer Trance. Sie bleiben bei vollem Bewußtsein und erinnern sich gewöhnlich an alles. Ich nehme jede Sitzung auf Tonband auf, und der Klient behält das Band. Das mache ich, weil die Klienten das, was sie erlebt haben, vom Kopf her oft negieren wollen, und ich finde es nützlich, ihnen eine Aufzeichnung der Sitzung mitzugeben, damit sie wissen, was geschehen ist.

Man entwickelt wirklich einen Instinkt für die Anwesenheit von verlorenen Seelen. Ich kann jetzt mit der Hand durch die Aura eines Menschen streichen und die Gegenwart einer anderen Energie spüren. Du wirst vielleicht deine eigenen Ansatzpunkte entwickeln. Es gibt jedoch ein paar grundlegende körperliche Anzeichen, die darauf hinweisen können, daß sich andere Energien in jemandes Körper befinden. Oft können Menschen, die eine andere Energie in sich haben, nur schwer Blickkontakt halten. Vielleicht hast du auch den Eindruck, daß ihre Energien völlig zerstreut sind. Sie scheinen nicht gesammelt oder in ihrer Mitte zu sein. Das kann auf subtile Weise der Fall sein oder sehr offensichtlich, wie wenn jemand buchstäblich vor deinen Augen die Persönlichkeit wechselt. Oft hat der Betreffende dunkle Ringe unter den Augen oder einen eingesunkenen und toten Ausdruck um die Augen herum. Man hat den Eindruck, als ob der Mensch einen Schleier über sich hat. Es liegt vielleicht eine Spannung oder versteckte Nervosität in dem Gesicht. Oft berichtet der Wirt davon, daß er Angst hat, Menschen nahe zu kommen. Solche Menschen scheinen sich zu verstecken und fürchten sich vor Intimität. In Wirklichkeit ist es vielleicht die Wesenheit, die den Wirt emotional isoliert hält, damit sie nicht entdeckt wird.

Ich hatte häufig Klienten, die jahrelang in einer herkömmlichen Therapie waren und Tausende von Dollars ausgegeben haben, um etwas in den Griff zu bekommen, was nie in den Griff zu bekommen war. Sicherlich ist das nicht immer auf die Gegenwart einer verlorenen Seele zurückzuführen, aber wenn das der Fall ist, dann kann es in einer einzigen Sitzung erledigt werden.

Wenn der Klient einmal bequem liegt, lasse ich ihn mit Hilfe seines Atems den Körper entspannen. Ich lasse ihn sich in einem Raum vorstellen, wo er sich wohlfühlen kann. Ob das ein Raum ist, den er kennt oder den er sich vorstellt, ist gleichgültig. Dann soll er sich in diesem Raum hinlegen. Ich lasse ihn weiterhin seinen Atem benutzen, um alles, was an Spannung oder Enge in seinem Körper ist, loszulassen, und bitte ihn dann, sich seine Füße vorzustellen und eine goldene Flüssigkeit, die durch die Zehen hineinfließt. Wir benutzen das Bild der goldenen Flüssigkeit, um Wellen von Behaglichkeit und Entspannung durch die Beine, den Rumpf, die Brust hinauf, in die Arme hinunter und dann den Hals hinauf in den Kopf strömen zu lassen.

Wenn der Körper entspannt ist, erkläre ich, daß die goldene Flüssigkeit den Körper sicher und geschützt halten wird, so daß der Klient, und nur er, in seinen Körper zurückkehren kann, wann immer er will. Ich sage das nicht aus Angst vor irgendwelchen astralen Körperjägern, sondern um den Klienten daran zu erinnern, daß er für sich zuständig ist.

Als nächstes bitte ich die Führer und Lehrer des Klienten, uns in dem Prozeß beizustehen. Ich bitte sie, daß sie uns jede fremde Energie zeigen und den Klienten davon befreien oder von der karmischen Ursache des Problems, das wir für eine Rückführung gewählt haben. Das ist nicht nur eine Bitte, sondern soll auch den Klienten und mich daran erinnern, daß nicht ich die Arbeit tue — und daß wir auch nicht allein sind. Ich erlebe mich in dieser Arbeit ganz als Kanal. Wir haben jede Menge Hilfe.

Wenn du zu dieser Arbeit gerufen bist, wirst du deine eigene Technik entwickeln. Es gibt jedoch ein paar Elemente, die ich wesentlich finde.

Als erstes müssen die Wesenheiten erkennen, daß sie tatsächlich tot sind. Viele dieser verlorenen Seelen haben diese Tatsache noch nicht akzeptiert. Kinder, die ertrunken sind, erkennen oft nicht , daß ihr Körper gestorben ist. Wenn man sie fragt, was mit ihrem Körper geschehen ist, sagen sie oft, „er ist davongeschwommen" oder „ich habe ihn verloren". Sie müssen wissen, daß ihr Körper gestorben ist und daß sie jetzt in einem Körper sind, der ihnen nicht gehört, und daß sie weitergehen müssen. Nach dem ersten Kontakt mit der verlorenen Seele frage ich: „Was ist mit deinem eigenen Körper passiert?" Wie immer sollen sie vorzugsweise selbst die Wahrheit herausfinden oder erleben, das ist besser, als wenn ich sie ihnen sage. Sie wissen vielleicht, daß sie tot sind, und brauchen einfach nur jemanden, der ihnen zuhört, damit sie ihre Wut, ihre Trauer oder Enttäuschung über diese Tatsache oder über die Umstände ihres Todes ausdrücken können. Sie müssen vielleicht Angst loslassen. Wenn sie einmal akzeptiert haben, daß sie tot sind, und ihre Gefühle über ihren Tod zum Ausdruck gebracht haben, sollten sie bereit sein, weiterzugehen.

Das nächste Element ist dann, daß die Wesenheit bereit ist, zu gehen. Ich frage einfach: „Bist du jetzt bereit, zu gehen?“ Wenn sie ja sagt, frage ich den Wirt, ob er bereit ist, die Wesenheit gehen zu lassen. Wenn sie nein sagt, fahre ich mit dem Gespräch fort, bis sie bereit ist. Wenn sie einmal alles losgeworden ist, ist sie im allgemeinen bereit, zu gehen.

Hier sind ein paar typische Gründe, weshalb Wesenheiten nicht gehen wollen. Wie Randolph haben sie sich vielleicht versteckt und haben panische Angst davor, herauszukommen. Kinder warten oft darauf, daß ein Elternteil kommt und sie holt. Wenn die Eltern tot sind, kann man manchmal telephatisch mit ihnen in Kontakt treten, damit sie kommen und ihr Kind abholen. Wenn nicht, dann rufe die Engel.

Ich arbeite mit einer Gruppe von Engeln, die die Elohim genannt werden. Sie sind eine Gruppe von himmlischen Wesen, die beim Übergang von der physischen Form in die geistige Essenz helfen. Sie helfen dem sterbenden Menschen, der dafür empfänglich ist, und führen ihn ins Licht. Sie arbeiten auch mit uns zusammen in den astralen Bereichen, um verlorene Seelen zu erlosen. Vielleicht hast du schon einmal bemerkt, daß du eigentlich zur Arbeit gehst, wenn du schlafen gehst. Viele von uns arbeiten nachts außerhalb des Körpers mit den Elohim, um verlorene Seelen aus den astralen Bereichen zu befreien. Da du dieses Buch liest, hast du bereits eine Beziehung mit ihnen, ob dir das bewußt ist oder nicht, und du hast das Recht, sie zur Hilfe herbeizurufen, um verlorene Seelen zu befreien und ins Licht zu schicken. Du kannst sie visualisieren, indem du im Augenblick des Übergangs die Augen schließt und siehst, wie sie die Wesenheit an der Hand nehmen und ins Licht führen. Die Wesenheit wird sie auch sehen, und das wird ihr helfen, den Schritt ins Unbekannte zu tun.

Manchmal weiß eine Wesenheit ganz genau, was sie tut, und weigert sich, zu gehen, weil sie wütend auf Gott ist (was sich oft als Wut auf sich selbst auflöst) und nicht zu „Ihm" zurückgehen will. Sie muß vielleicht denen, die an ihrem Tod beteiligt waren, und auch Gott, verzeihen.

Manchmal haben die Wesenheiten etwas getan, das sie für so schlecht halten, daß sie nicht glauben, daß Gott sie haben will. Wenn das der Fall ist, mußt du in der Lage sein, von deinen üblichen Urteilen abzustehen, und dich daran erinnern, daß es im Universum keine Opfer gibt. Es geschieht wirklich alles aus einem bestimmten Grund, und wir sind ganz und gar für unsere Wirklichkeit verantwortlich. Du brauchst diese Wahrheit nicht zu lieben oder auch nur daran zu glauben, um diese Arbeit zu tun, aber diese gequälten Wesen brauchen dein Mitgefühl, nicht dein Urteil. Wenn du wie sie selber glaubst, daß sie schlecht sind, wirst du noch zu ihrem Leid beitragen, anstatt es zu lindern. Einige ihrer Handlungen mögen tatsächlich sehr schlecht gewesen sein, aber wenn sie wieder im Licht sind, können sie sehen, weshalb sie sich diese Erfahrung gegeben haben. Aus dieser Perspektive können sie sehen, worum es dabei wirklich ging. Sie haben sich selbst lange genug verurteilt; sie brauchen nur deine Liebe. Sie müssen sich selbst verzeihen. Ein Elternteil oder Verwandter, der unter dem Vorwand, den

Betreffenden zu leiten oder zu beschützen, an einem seiner Lieben festhält, wird gewöhnlich gehen, wenn er erkennt, daß seine Anwesenheit nicht hilft. In diesem Falle muß der Wirt auch bereit sein, ohne den sogenannten Schutz oder die Führung auszukommen. Er muß bereit sein, sein Schiff selber zu steuern, und oft muß er darauf vertrauen lernen, daß er selbst alles hat, was er braucht, um sein eigenes Leben zu leben.

Wenn eine Wesenheit über mehrere Leben hinweg in einem Wirt gewesen ist, dann ist es oft schwierig, sie zu befreien, weil sie so mit dem Wirt verbunden ist. Es kann insbesondere für den Wirt schwierig sein, weil er diese Energie als einen Teil seines eigenen Charakters betrachtet. Die anhängende Wesenheit ist vielleicht ein Feind aus einem anderen Leben, dann ist Vergebung erforderlich. Oder sie ist ein Partner oder ein Kind aus einem vergangenen Leben, dann müssen alte Schwüre oder Verantwortungen losgelassen werden. (Der Geliebte, der schwor, niemals fortzugehen, hält vielleicht Wort.) Der Wirt muß sich sehr klar darüber sein, daß es weder ihm selbst noch der Wesenheit dienlich ist, wenn er diese Energie in seinem Körper herumträgt.

Wenn der Wirt oder die Wesenheit den Kontakt nicht verlieren wollen, dann erinnere ich sie daran, daß nur die Energie losgelassen wird und daß die Liebe, die Kommunikation und die Beziehung für beide weiterhin bestehenbleiben können. Oft lasse ich sie in dem Raum, den der Wirt sich zu Beginn der Sitzung vorgestellt hat, ein Telefon visualisieren, das sie benützen können, um miteinander in Kontakt zu treten. Beziehung und Liebe sind nicht an Form oder an physische Realität gebunden. Ich erinnere sie nur daran, daß sie von jetzt ab Ferngespräche führen werden, anstatt Ortsgespräche.

Manchmal ist sich eine Energie sehr klar darüber, daß sie, wenn sie ins Licht geht, „wirklich sterben" wird. Das heißt, sie weiß, daß sie in den Ozean des Bewußtseins eingehen und ihre persönliche Identität verlieren wird. Das ist wahr. Und es ist die einzige Weise, wie sie weitergehen kann.

Wenn die Wesenheit bereit ist, zu gehen, mußt du auch die Einwilligung des Wirtes haben, sie loszulassen. Da es in Gottes Universum keine Opfer gibt, ist die Wesenheit auf irgendeine Weise auf die Einladung des Wirtes hin gekommen. Diese Einladung geschieht gewöhnlich unbewußt. Tatsächlich treten die Wesenheiten meistens ein, wenn der Wirt bewußtlos ist. Menschen, die Drogenmißbrauch getrieben haben oder operiert wurden, haben oft Seelen in sich, die hereinkamen, während sie bewußtlos waren. Die Wesenheit kann auch einfach hereinkommen, wenn ein Kind in seinem Bettchen fällt und um Hilfe ruft. Mama und Papa hören das Kind vielleicht nicht, aber die „Hilfe" kommt.

Eine meiner Klientinnen hatte immer heftige Angst, wenn sie Treppen hinunterging. Silvia war eine starke, intelligente Frau, die in einer leitenden Stellung in Manhattan arbeitete, und ihre Angst war mit dem Rest ihres Lebens in keinen Zusammenhang zu bringen. Sie fuhr mit der U-Bahn zur Arbeit und zurück und hielt sich jeden Tag, wenn sie die Treppen zu einem Zug hinunterging, so am Geländer fest, daß ihre Fingerknöchel weiß hervortraten. Silvia erinnerte sich daran, daß sie als sechsjähriges Kind die Treppe hinuntergefallen war, aber sie glaubte nicht, daß das die alleinige Ursache sein könne. In der Sitzung entdeckten wir eine verlorene Seele — ein siebenjähriges Kind, das bei einem Treppensturz ums Leben gekommen war. Sie wollte dafür sorgen, daß das, „was ihr passiert war, nicht auch mit Silvia geschah". In dem veränderten Bewußtseinszustand während der Sitzung erinnerte sich Silvia daran, daß sie bei ihrem Sturz um Hilfe gerufen hatte. Ihre kleine Freundin sagte ihr, sie hätte sie gehört und sei ihr zu Hilfe gekommen. Sie mußte ihre selbstauferlegte Pflicht aufgeben, bevor sie erlöst werden konnte. Mit ihr verschwand auch Silvias Treppenangst.

Der Wirt muß wissen, daß es in Ordnung ist, loszulassen. Manchmal zögert ein Wirt, eine Wesenheit loszulassen, weil er Angst davor hat, allein zu sein. Der Wirt muß seine eigenen Abhängigkeitsbedürfnisse loslassen. Es ist möglich, daß er andere verlorene Seelen an sich zieht, wenn er unwillig bleibt, die Verantwortung für sein Leben selbst zu übernehmen.

Wenn einmal ein Clearing durchgeführt wurde, ist es sehr selten, daß andere Seelen in den betreffenden Menschen hereinkommen. Gelegentlich kommt nach einem beträchtlichen Gewichtsverlust noch eine andere Seele zum Vorschein. Manche Menschen tragen so viele Seelen mit sich, daß sie zwei Sitzungen brauchen, aber das ist selten. Ein Clearing ist, wie wenn man ein Hotel schließt. Auf die astralen Ebenen geht die Botschaft hinaus: „Keine Zimmer frei!" Wenn jemand besonders anfällig dafür zu sein scheint, verlorene Seelen anzuziehen, dann rate ich dem Betreffenden, sich beim Einschlafen und zu Beginn seines Tages mit einem Schild aus weißem Licht zu schützen. Es ist aber wirklich so, daß ein Mensch, wenn er einmal von verlorenen Seelen befreit wurde, meist frei davon bleibt.

Es empfiehlt sich auch für denjenigen, der das Clearing macht, sich für sich selbst irgendeinen Schutz zu visualisieren oder den Gedanken festzuhalten, daß er nicht bereit ist, irgend etwas von dem Menschen oder Ort, mit dem er arbeitet, aufzunehmen. Viele Heiler wollen ihren Klienten so sehr von Leid und Unwohlsein befreien, daß sie Dinge in sich hereinnehmen und denken, sie würden schon damit fertig. Selbstaufopferung ist überholt. Du heilst dadurch, daß du deine Liebe sendest und die Vorstellung festhältst, daß der Betreffende bereit sein möge, sich selbst zu heilen.

Wenn die Wesenheit weiß, was passiert ist, und sich mitgeteilt hat und wenn gegenseitiges Einverständnis über das Loslassen erreicht ist, bitte ich den Wirt, eine Säule aus weißem Licht zu visualisieren, mit Hilfe seines Atems die Wesenheit und all ihre Energie aus seinem Körper heraufzuziehen und sie aus dem Körper heraus und ins Licht zu schicken. Ich bitte die Wesenheit, sich auf das Licht zu konzentrieren und zu gehen. Ich bitte den Klienten, mir zu sagen, wenn die Wesenheit gegangen ist. Du wirst merken, wenn das der Fall ist, aber ich finde es nützlich, wenn der Klient es auch selbst erklärt. Er soll seine eigene Vollständigkeit für sich beanspruchen.

Nach dem Clearing macht der Klient vielleicht einen

Integrationsprozeß durch. Es ist nicht sinnvoll, jemandem zu sagen, *daß* er Nachwirkungen erleben wird, denn das ist nicht immer der Fall. Ich sage ihm, daß Gefühle aus dem Nichts heraufkommen *können* und daß er sich einfach lieben soll, ohne zu versuchen, herauszufinden, warum dies oder jenes geschieht. Manche Menschen sind nach einem Clearing sehr erleichtert. Andere haben ein Gefühl von Verlust und machen vielleicht eine kurze Periode der Trauer durch. Es ist wie eine Operation. Ein Teil dessen, womit sie sich identifiziert hatten, ist entfernt worden. Das kann verwirrend sein, und die Neuorientierungsphase dauert manchmal bis zu fünf Tagen.

Gelegentlich gibt es in einem Klienten „etwas" — und nicht „jemanden". Wenn der Klient ein Tier oder einen Gegenstand sieht, bitte ich ihn, zu schauen, was dieser Gegenstand ihm sagen möchte oder was er vielleicht symbolisiert oder repräsentiert. Manchmal wird das, was als „großes, haariges Ungeheuer" beginnt, dann zu einem verängstigten Sechsjährigen, der sich zu verstecken sucht, damit er nicht weggeschickt wird.

Manchmal ist der „jemand", der auftaucht, noch am Leben. Es kann ein geliebtes oder besitzergreifendes Elternteil sein. Es ist niemals nützlich, wenn sich irgend eine andere Energie in jemandes Körper befindet. Wenn ich mit einer Schwangeren arbeite, erstellen wir um den Uterus herum ein Schild von Licht, damit der Fötus vor emotionalen Aufregungen, die die Mutter vielleicht erlebt, geschützt ist. Einer meiner Schüler machte ein Clearing mit einer Frau in Los Angeles und entdeckte, daß sie die Energie einer Freundin in sich trug, die in einem

Krankenhaus in New York im Sterben lag. Die Frau in Los Angeles hatte seit über zwei Jahren unter Müdigkeit, Depressionen und kleineren, streßbedingten Infektionen gelitten. Ihre Freundin in New York hatte über alle medizinischen Voraussagen hinaus am Leben festgehalten und lag seit drei Jahren im Krankenhaus. Mein Schüler befreite die Energie der Freundin mit Hilfe der Lichtsäule und indem er ihr sagte, sie solle ihre Energie in ihren eigenen Körper zurücknehmen. Nach dem Clearing fühlte sich die Frau in Los Angeles völlig verjüngt. Die Frau in New York starb drei Tage später.

Dies ist eine sehr machtvolle Arbeit, die mit Integrität und Mitgefühl ausgeführt werden muß. Andererseits ist es auch so, daß du, wenn du diese Arbeit tun sollst und deine Absicht, zu dienen, rein ist, geführt werden wirst, so wie ich geführt wurde.

Die folgende Abschrift bezieht sich auf eine Klientin, die ich Joan nenne. Joan ist Chefsekretärin, unverheiratet, Ende Dreißig. Sie kam zu mir, weil sie sehr lebhafte Träume hatte und anfing, sich spirituell zu öffnen, aber entsetzliche Angst hatte vor allem, was körperlich mit „den Göttern" zusammenhing. Sie hatte zwei oder drei außerkörperliche Erlebnisse gehabt und war fasziniert von metaphyischen Dingen, hatte aber noch immer Angst, sich darauf einzulassen.

Hier ist das Protokoll ihrer Sitzung.

MAYA

Manhattan, 13. November 1984

RHEA: ... und wenn du da so stehst, Joan, dann schau in deinen Körper hinunter; schau nach, ob noch irgend jemand anderer da ist. Wenn ja, dann soll er oder sie heraufkommen und mit mir sprechen. Er oder sie kann Joans Stimme benutzen, das ist okay. Wenn irgendwelche Emotionen da sind, dann laß einfach die Emotionen und Körpergefühle heraufkommen. Das ist okay, Joan — das ist jetzt ganz in Ordnung. Ja, das ist in Ordnung. (Joan hat angefangen zu weinen.) Wie heißt du? ... Wie heißt du?
MAYA: Maya. (Sie schluchzt.)
RHEA: Hallo, Maya. Es ist alles gut, Liebes. Alles in Ordnung. (Das heftige Schluchzen geht weiter.) ... Maya, was machst du hier in Joan? Was machst du hier? Hmm? Es ist gut; du kannst jetzt reden. Was machst du hier?
MAYA: Ich bin -- ich -- (stöhnt) -- Oh, helft mir!
RHEA: Ja, dafür sind wir hier; deshalb sind wir jetzt hier. Was machst du hier, Liebes?
MAYA: Ich -- ich ... ich beobachte.
RHEA: Beobachtest? Was beobachtest du?
MAYA: Ich ... beobachte Frauen.
RHEA: M-hm. Laß es raus, Liebes. (Maya schluchzt und schnappt nach Luft. Wie alt bist du, Maya? Wie alt bist du?
MAYA: Ich bin vierzehn.
RHEA: M-hm. Laß es raus -- komm, laß es raus. Es ist jetzt in Ordnung. Du hast ganz schön Angst gehabt, hm?

(Maya weint weiter) ... Maya, was ist mit dir geschehen? Was ist mit deinem eigenen Körper passiert? Was ist geschehen?

MAYA (schluchzend): Ich bin nicht erwachsen geworden.

RHEA: Nein, du bist nicht erwachsen geworden. (Pause; Maya schluchzt weiter.) Laß es raus ... Schau mal nach, Maya; was ist mit deinem Körper passiert? Es ist in Ordnung; du kannst es jetzt ansehen -- du bist nicht allein. Es ist gut. Schau, was geschehen ist. Was ist mit deinem vierzehnjährigen Körper geschehen?

MAYA: Ich bin ... ich wurde ... (Stöhnen) Ich wurde -- erstochen. Ich wurde vergewaltigt. Ich wurde in zwei Stücke geschnitten.

RHEA: Laß es innen heraus; laß dich spüren, wie es herauskommt. Laß es in deinem Körper heraus. Atme einfach. Es ist in Ordnung. Ja. (Mayas Schluchzen wird noch heftiger.) Laß den Körper einfach machen, was er möchte. Es ist in Ordnung. Ja, laß es raus. Laß dich hinschauen. (Mayas heftiges Schluchzen wird gequälter.) Es ist in Ordnung. (Erneutes heftiges Schluchzen.) Ja, laß es raus, Liebes. Du hast es lange festgehalten (lange, japsende Schluchzer). Es ist okay, Kind; bleib einfach dabei und laß den Körper zittern, wenn er zittern möchte, das ist in Ordnung. Oh, ja. (Mayas Schluchzen wird wieder heftiger, entsetzt, fast schreiend.) Bleib einfach dabei. Geh durch; laß es dich anschauen (Mayas Schluchzen verrät ihr Entsetzen.) Ja ... ja, mach' einfach weiter. Es ist jetzt in Ordnung; du kannst es jetzt anschauen. Du bist nicht allein. Es ist in Ordnung -- mach nur weiter. Schau einfach weiter. Geh durch. Geh durch, Liebes. Ja ... Schau all die Dinge an, die du dabei beschließt. Ja.

MAYA: (Erneutes intensives Schluchzen) Sie haben mein Herz herausgeschnitten! (Angstvolle Schluchzer.)

RHEA: Bleib einfach dabei. Es ist in Ordnung, Liebes. Ja.

MAYA: Sie haben es den Göttern geopfert ...

RHEA: Ja. ... Was hast du über die Götter beschlossen? Laß es raus, Liebes ... Es hat nicht viel Sinn ergeben? Hm? ... (Maya schluchzt heftig.) Was hast du von den Göttern gedacht, bei alledem?

MAYA: Ich -- ich wollte nicht, daß sie mein Herz kriegen. (Sie weint weiter.) Es war *mein* Herz. (Qualvolles Schluchzen.) Und dann haben sie es jemandem zu essen gegeben ... er hat es gegessen! Oh Gott! (Maya klingt fast hysterisch.)

RHEA: Bleib dabei. Bleib einfach dabei. (Maya schluchzt und atmet heftig.) Was machst du hier in Joan? Was machst du hier? Wie bist du zu Joan gekommen?

MAYA: Weil ... ich wollte -- die Götter sind gemein. Ich hab' solche Angst!

RHEA: Ich weiß, Liebes. Es waren nicht die Götter, die dein Herz herausgeschnitten haben; es waren die Menschen --

MAYA: Die Priester waren es --

RHEA: -- die Priester waren es.

MAYA: Ja.

RHEA: Du warst ein Geschenk an die Götter für die Leute.

MAYA: (unter Weinen) Aber die Götter brauchten mein Geschenk nicht. Sie wollten mein Herz nicht.

RHEA: Ich weiß. Aber die Menschen wußten es nicht. Die Priester haben es als ein Zeichen für die Menschen gemacht. Du warst ein Geschenk, ein Geschenk an die Götter für die Menschen. Nicht für die Götter -- du warst für die Menschen. Und es war nicht die Wahrheit ...
MAYA: (weint immer noch heftig): Ich weiß ...
RHEA: Die Leute wußten es aber nicht. Und wenn du hinschaust und die Wahrheit sagst, dann hast du die Leute genug geliebt, um das zuzulassen. Du weißt es. Du hast all diese Leute so sehr geliebt, und du weißt, daß sie ein Opfer brauchten. Sie haben daran geglaubt. Und wenn du weit genug schaust und tief genug, dann weißt du, daß du genau dafür geboren wurdest -- daß du gekommen warst, um dich den Menschen zu schenken. Nicht den Göttern; die Götter brauchten das nicht, da hast du recht. Aber die Leute brauchten es. Und es war dumm. Und so war es eben ... Du warst ein Geschenk ... und du brauchst den Göttern nicht mehr fern zu bleiben. (Pause) So, Maya, möchtest du Joan etwas sagen?
MAYA: (unter Schluchzern) Oh, ich liebe dich!
RHEA: Ja. (Pause) Maya, es ist Zeit zu gehen. Was möchtest du Joan sagen, bevor du gehst? Was noch? Möchtest du ihr für irgend etwas danken? Ich glaube, daß eine Menge, was sie gefühlt hat, in Wirklichkeit deine Gedanken und Gefühle waren ... das, was sie für ihre gehalten hat. Stimmt das? Es ist in Ordnung. Stimmt das?
MAYA (hört endlich auf zu weinen): Ja.
RHEA: Ja. Willst du irgend etwas darüber zu ihr sagen? ... Es ist in Ordnung, Maya; ich verstehe, daß du erwachsen werden wolltest. Ich weiß. Vierzehn ist sehr jung, um

zu sterben. ... Es ist in Ordnung.
MAYA: Ich will nicht gehen. (Weint noch immer.)
RHEA: Ich verstehe. Du bist noch nicht bereit, mit den Göttern Frieden zu schließen? Hmm? ... *Du wußtest es;* ich sage, du wußtest es. Das stimmt doch, oder? Und du hast es für die Menschen getan, nicht? Weil du sie geliebt hast, nicht? Ja. Es war gräßlich und dumm, aber du warst bereit dazu. Ja, das stimmt. Also, glaubst du, du kannst den Priestern und den Leuten verzeihen? Kannst du den Göttern verzeihen? Und den Menschen? -- Und dir selbst verzeihen, daß du zugelassen hast, daß dein Herz herausgeschnitten wurde? Deinem schönen Körper das anzutun? (Maya schluchzt wieder heftig.) Kannst du ihnen das verzeihen? Was siehst du?
MAYA: Ich sehe sein Gesicht.
RHEA: M-hm. Ist es häßlich? Ja? Oder ist es Liebe?
MAYA: Es ist nicht häßlich.
RHEA: Es ist nicht häßlich.
MAYA: Nein.
RHEA: Kannst du ihm verzeihen? (Pause; Maya atmet heftig, wie erschöpft von ihrem Weinen.) Hat ein Teil von dir es genossen? Es ist in Ordnung, wenn du die Wahrheit sagst ...
MAYA (nach einer Pause): Ja.
RHEA: Das ist okay. Kannst du dir verzeihen?
MAYA: Ja.
RHEA: Gut. Möchtest du Joan irgend etwas sagen? Hmm? ... (fest) Maya, es ist Zeit. Es ist Zeit. Es ist Zeit, zum Licht zurückzugehen und zurück zu dem Einen Gott -- zurück zu dem Einen Gott, von dem du weißt, daß Er

der Wahre Gott ist; und dir einen neuen eigenen Körper zu wählen, in dem du wieder geboren werden kannst, und dir ein wundervolles eigenes Leben auszusuchen und eine Familie, die dich liebt und umsorgt. Du hast Opfer gebracht; du mußt dich nicht noch einmal opfern. Und die Leute wissen die Wahrheit jetzt besser als damals; es wird leichter für dich sein. Aber Joan muß die einzige sein, die in ihrem Körper ist. Es ist ihr Körper. Du hattest deinen, und jetzt mußt du zum Licht zurückgehen und dir einen neuen eigenen Körper aussuchen. Du mußt Joan loslassen; sie muß Frieden mit den Göttern schließen können. Ja. Wähle dir einen Körper, der lange lebt, in dem du erwachsen werden kannst, in dem du Spaß haben kannst und in dem du alles mitbringen kannst, was du weißt, um den Leuten zu helfen, die Wahrheit zu erkennen. Worüber bist du noch wütend? Was ist es?

MAYA: Ich bin ... ich bin wütend, weil ... ich wußte nicht ... ich konnte keine Angst haben. Ich wußte nicht ... ich wußte, daß das passieren würde ...

RHEA: Du wußtest, daß es geschehen würde, daß --

MAYA: Ich konnte niemandem sagen, daß ich Angst hatte.

RHEA: Ich weiß.

MAYA: Und ich bin wütend auf sie. (Erneutes Weinen)

RHEA: Mußtest du so tun, als ob? Mußtest du tapfer sein? Du wußtest, daß du geopfert würdest, und du konntest es niemandem sagen, hm? Du mußtest es alles ganz tapfer durchstehen.

MAYA: Ich konnte niemandem sagen, daß ich Angst hatte ... Und ich hatte wirklich Angst.

RHEA: Ich höre es; du *hattest* Angst. Es hört sich sehr furchterregend an.
MAYA: Und als es wehtat, konnte ich ihnen nicht sagen, daß es wehtut.
RHEA: Nein. Du konntest auch nicht schreien oder irgendwas, nicht?
MAYA: Nein.
RHEA: Du mußtest für alle anderen tapfer sein. Laß es raus, Liebes. Laß den Körper zittern, das ist in Ordnung. Jetzt kannst du Angst haben. Du hast das alles in dir vergraben, nicht? Du hast es alles in dir festgehalten, die ganze Zeit, warst die ganze Zeit tapfer für die Leute.
MAYA: Und daß ich Angst hatte, hat auch nichts geändert.
RHEA: Nein.
MAYA: Es ist trotzdem passiert.
RHEA: Ja.
MAYA: Die Angst hat also gar nichts genützt.
RHEA: Ja, aber du hattest sie trotzdem, nicht?
MAYA: Ich weiß.
RHEA: Ja. Laß es einfach -- laß es zittern, es ist okay. (Pause) Und du hast das alles getan, weil du die Menschen liebtest, nicht?
MAYA: Ja.
RHEA: Ja. Was war in dem Dorf los ... daß sie ein Opfer brauchten? Was war der Anlaß? ... Was geschah für die Leute? ... Warum brauchten sie die Zeremonie?
MAYA: Es war ... Frühling. Für -- die Saat, für den Mond -- irgendwas mit dem Mond.
RHEA: Ein neuer Mond für den Frühling? ... Und was

dachten die Leute, daß die Zeremonie bewirken würde?
MAYA: Fruchtbarkeit ...
RHEA: Die Leute würden zu essen haben?
MAYA: Ja. Und für ... mehr Babies. (Weint wieder)
RHEA: Ja ... ja ... ja. Warum weinst du?
MAYA: Weil ich Angst habe. (Erneutes Schluchzen)
RHEA: Ja ... du hast große Angst, hm? ... (flüstert) Laß es raus -- laß es raus. Es ist in Ordnung, wenn du jetzt Angst hast. Ja. ... Es ist Zeit, zu gehen. Du willst wieder nach Hause zu den Göttern, nicht? Es ist Zeit. Wie fühlst du dich damit?
MAYA: Ich hab' Angst. (lacht versuchsweise)
RHEA: Ja. (Beide lachen leise.) Was gibt's noch Neues, hm? Es wird wunderbar sein im Licht. Es wird wie zu Hause sein. Willst du irgendwas zu Joan sagen, bevor du gehst? Noch etwas?
MAYA: Denk an mich. (Weint leise.)
RHEA: Ja ... An dem Platz, wo wir mit dieser Arbeit begonnen haben, in dem Raum, den Joan in ihrer Vorstellung geschaffen hat, werden wir neben dem Bett, wo sie sich hingelegt hat, ein rotes Telefon aufstellen, und wenn Joan mit dir sprechen will, kann sie die Augen zumachen und sich vorstellen, wie sie sich hinlegt und sich entspannt, zum Telefon langt, den Hörer abnimmt und dich anruft und mit dir spricht, okay? Und wenn du mit ihr sprechen willst, kannst du ihr eine Gedankenbotschaft schicken, damit sie weiß, daß sie den Hörer abnehmen soll, ja? So kannst du immer noch mit ihr sprechen; aber das ist ganz anders, als wenn du in ihrem Körper bist. Und ich hatte noch einen glücklichen Gedanken: Viel-

leicht kannst du später, ... in ein paar Jahren ... wenn ihr beide es wollt, — zurückkommen und Joans Tochter sein. Meinst du, das würde dir gefallen? Sie würde gut auf dich aufpassen.

MAYA: Vielleicht.

RHEA: Das ist gut. Wenn nicht, Joan, dann weiß ich, daß du eine andere wunderbare Familie finden wirst ... du kannst zurückkommen und bei uns sein. Und es ist auch okay, wenn du Angst davor hast, zurückzukommen (lacht). Möchtest du Joan noch etwas sagen?

MAYA: Die Menschen schneiden keine Herzen mehr heraus.

RHEA: Nein. Was willst du dazu noch sagen? --

MAYA: Laß dein Herz los ... du mußt es nicht festhalten. Laß los. (Weint)

RHEA (Nach einer langen Pause): Du kannst den Menschen dein Herz geben, ohne dir selbst wehzutun. Joan, möchtest du irgend etwas zu Maya sagen, bevor sie geht?

JOAN: Ich liebe dich.

RHEA: Ja. (Pause) Noch etwas?

JOAN: Geh ans Telefon! (Rhea und Joan lachen beide.)

RHEA: Bist du bereit, sie gehen zu lassen?

JOAN: Ja.

RHEA: Gibt es noch etwas, was du ihr sagen möchtest? Wenn nicht, dann ist das auch okay ...

JOAN: Hab keine Angst vor dem Erwachsenwerden.

RHEA: Glaubst du, du könntest sie vermissen?

JOAN: Ich ... glaube nicht.

RHEA: Okay.

JOAN: Ich -- möchte, daß sie -- mich führt und mit mir in

Verbindung bleibt ...
RHEA: Ja, klar -- du kannst das Telefon benutzen. So, bist du bereit?
JOAN: M-hm.
RHEA: Gut. Maya? Bist du bereit? ... Mußt du ihr noch etwas sagen?
MAYA: Ich -- kann Joan nicht mehr über mich wissen? Über mein Leben?
RHEA: Willst du ihr jetzt etwas sagen?
MAYA: Wir waren reich.
RHEA: M-hm... Wo habt ihr gelebt?
MAYA: In unserem Palast.
RHEA: M-hm. Was machte dein Vater?
MAYA: Er war -- er war ein König. Er war ein kleiner König.
RHEA: M-hm. Möchtest du ihr noch etwas über dich erzählen? (Pause) Ja?
MAYA: Ich -- ich mochte meine Mutter nicht.
RHEA: Ah ja. Willst du darüber noch etwas sagen?
MAYA: Sie mußte eine Frau sein.
RHEA: Ah ja. Sie mußte erwachsen werden, hm?
MAYA: (fängt wieder an zu weinen) Und sie wollte mich nicht erwachsen werden lassen.
RHEA: Ah ja.
MAYA: Und ich konnte ihr nicht sagen, daß ich Angst hatte. Deshalb habe ich gelogen.
RHEA: Ah ja ... Und dann?
MAYA: Und dann wollte ich ihr nie sagen, daß ich Angst hatte. (Pause; ein tiefer Schluchzer) Mein Vater tötete mich! (Erneutes heftiges Schluchzen.)

RHEA: (flüstert) Laß es raus ... Laß es raus. (Eine lange Pause, in der Maya weint.) Wie war das für ihn?
MAYA: Es war sehr schlimm.
RHEA: Ja.
MAYA: Für mich war es auch schlimm. (Heftiges Weinen)
RHEA: (ganz leise) Es ist Zeit. Es ist Zeit, Liebes. Es ist Zeit, zu gehen ... Bist du jetzt bereit? Gut. Fang an, nach dem Licht zu schauen, und schau nach den Engeln. Und Joan, visualisiere du auf der linken Seite deines Gesichtsfeldes eine Säule von weißem Licht, die vom Gottesbewußtsein herunterkommt. So. Und dann schau in deinen Körper hinunter und finde Maya und benutze deinen Atem, um sie und all ihre Energie aus deinem Körper heraufzuziehen und sie ins Licht zu schicken. Maya, geh mit den Engeln. Siehst du sie? Kannst du die Engel sehen? Und das Licht? (Maya seufzt unsicher)
MAYA: Ja.
RHEA: Wir senden dich in Liebe und in Frieden heim zu dem großen Gott, heim ins weiße Licht. Du kannst es -- du kannst es, Liebes. Geh mit den Engeln, das ist in Ordnung. Geh zum Licht. Geh aus Joans Körper heraus -- geh *jetzt* (fest). Laß sie los; laß sie los. All ihre Energie -- ins Licht. Ins Licht, jetzt. Laß sie los. Laß sie los, ganz und gar; du kannst es. (Joan strengt sich während der ganzen Zeit sehr an.) Sie kann es. Du kannst es, Maya. Los, Liebes; du kannst es. Gut -- gut -- das ist gut. So. Geh! Laß los -- laß los -- laß los. (Joan atmet tief und erleichtert auf.) Gut! Schicke sie ganz und gar ins Licht. ... Wunderbar. Wie fühlt sich dein Körper jetzt?

JOAN: Leer.
RHEA: Sag mir, wenn sie ganz draußen ist.
JOAN (mit klarer Stimme, ohne jede Spur der früheren Qual): Sie ist weg.
RHEA: (lacht) Jetzt geh in deinen Körper hinein. Finde deine eigene Essenz, Joan; spüre den Kern deines eigenen Seins in deinem Körper und sieh ihn als ein leuchtendes goldenes Licht. Und laß das Licht mit jedem Atemzug weiter werden und all den Raum ausfüllen, den Maya hinterlassen hat, damit du ganz voll von deiner eigenen leuchtenden Essenz bist. Wisse einfach, daß dir als menschliches Wesen alle Eigenschaften zur Verfügung stehen, die Menschen haben können, und du kannst jederzeit wählen, irgendeine dieser Qualitäten zu manifestieren. Und du hast eine wunderbare Freundin am anderen Ende der Leitung des roten Telefons. Wenn du soweit bist, kannst du zurückkommen und die Augen aufmachen.

* * *

Joan machte langsam die Augen auf, blinzelte ein paarmal und starrte mich fragend an. Ich sagte ihr, was sie zu erwarten hatte.
RHEA: Das war so etwas wie eine geistige Operation, deshalb sollst du mit dir umgehen wie mit einem lieben Freund, der eine Operation hinter sich hat. Sei nett zu dir, besonders in den nächsten drei Tagen. Du kannst als Nachwirkung von dem Schock alle möglichen Gefühle

haben; alles mögliche kann heraufkommen. Es kann sein, daß du dich eine Zeitlang verlassen fühlst oder trauerst, vielleicht auch nicht, aber wenn du Gefühle aus dem Nichts heraufkommen spürst, dann laß sie einfach da sein. Versuch' nicht, Gründe dafür zu finden oder irgendwas damit zu machen. Wenn du merkst, daß du dich zu bestimmten Verhaltensmustern nicht mehr motiviert fühlst, dann laß sie los; anders gesagt: Laß sie ihr Zeug mitnehmen.

Wenn du an irgendeiner Stelle normalerweise eine bestimmte Reaktion hättest, vielleicht besonders Männern gegenüber oder in einer Gruppensituation, wenn du da normalerweise Angst hättest und zurückweichen würdest, und du merkst, daß du dich in dieser Situation nicht mehr so fühlst, dann mach' einfach das, was du machen möchtest. Laß sie wirklich ihre Sachen mitnehmen, und mach' sie nicht aus Gewohnheit zu deinen. Verstehst du? Wenn morgen dein Kopf einsetzt und fragt: „Was um alles in der Welt war das denn?", mußt du wissen, daß es wirklich war. Ich weiß, jetzt brauche ich dir das nicht zu sagen, aber wenn der Kopf anfängt, es in ein Konzept zu pressen, dann wisse einfach, daß es ganz, ganz real war. Wahrscheinlich waren eine Menge Dinge, die du erlebt hast, ihre Schwierigkeiten -- überhaupt nicht deine ... Ich weiß nicht, wieviel du über die Zeremonien der Azteken oder Mayas weißt, aber alles, was sie gesagt hat, war deutlich.

Was du als deine Angst vor spiritueller Macht, vor den Göttern und den Führern erlebt hast, hatte sehr stark mit dem zu tun, was bei ihr lief. Das sollte für dich jetzt durchgebrochen sein. Du hast vermutlich deine eigenen Sachen laufen, wenn ich dich richtig sehe.

JOAN: Was meinst du damit: „Meine eigenen Sachen laufen?“

RHEA: Daß da wahrscheinlich aus einem deiner früheren Leben irgendwo eine Angst vor der spirituellen, mächtigen, übernatürlichen, übersinnlichen Seite des Lebens sitzt.

JOAN: Das war also kein früheres Leben?

RHEA: Nein.

JOAN: Was war das dann?

RHEA: Ein Exorzismus.

JOAN (reagiert, als hätte sie einen Schlag in die Magengrube bekommen): Ich hab' es als ein früheres Leben genommen, als ich drin war.

RHEA: Hast du gespürt, wie sie hinausging?

JOAN: Ja.

RHEA: Es war eine andere Wesenheit; eine andere Person, eine andere Seele, ein anderer Geist ... (Joan reagiert wieder heftig) ... die mit dir in deinem Körper war, und eine Menge von den Sachen, die du für deine Schwierigkeiten gehalten hast, waren ihre -- nicht deine.

* * *

Man beachte, daß Maya ihre Gefühle aus kulturellen Gründen unterdrückte. Das Wesen wählte zwar, in dieses Leben zu kommen und den Menschen dieser Kultur als Opfer zu dienen, aber dann hatte sie als vierzehnjährige

Prinzessin ihre Gedanken und Gefühle während dieser Erfahrung. Als diese Persönlichkeit unterdrückte sie, was sie ihrem Rang und ihrer Rolle für unangemessen hielt.

Wenn du das alte Est-Training mitgemacht hast, wirst du hier zwei Lehrsätze der Est-Technik wiedererkennen: „Was unterdrückt wird, bleibt bestehen." und „Was wiedererlebt wird, verschwindet." Maja unterdrückte ihre Angst und blieb darin stecken. Als sie ihr Entsetzen erlebte, löste es sich auf. Deshalb ist es sehr wichtig, bei einem Clearing nicht zu werten, sondern für die verlorenen Seelen einen sicheren Raum zu schaffen, wo sie ausdrücken können, was sie mitteilen müssen, damit sie davon loskommen und weitergehen können.

Dasselbe Phänomen trifft man in vergangenen Leben an (oder auch in diesem). Der römische General, der in seinem Stoizismus seine Trauer über den Untergang seiner Truppe unterdrückte, trägt diese Trauer vielleicht noch nach zweitausend Jahren mit sich herum. Der unterdrückte Schmerz wird höchstwahrscheinlich in dieser Inkarnation als Angst vor einer Führerposition zum Vorschein kommen. Der einstige General fürchtet nicht so sehr den Untergang seiner „Truppen" im zwanzigsten Jahrhundert als vielmehr die Wahrscheinlichkeit, daß er jetzt die Trauer erleben muß, die er zweitausend Jahre lang mit sich herumgetragen hat. Nachdem er ihr so lange widerstanden hat, kommt es ihm vor, als ob es verheerend sein müsse, sie zu erleben. Wenn die Trauer jedoch einmal gespürt wurde -- und das ist eine der Wirkungen, die die Rückführungstherapie auf das gegenwärtige Leben haben kann -- löst sich die Angst, in diesem Leben ein Führer zu sein, auf.

Als Maya ihre Gefühle erleben und ausdrücken durfte, konnte sie gehen. Es ist wichtig, nichts hinzuzufügen und die verlorene Seele nicht zu bewerten. Ich habe Kommentare aus meiner eigenen Erinnerung an Mayas Kultur hinzugefügt; es ist jedoch gewöhnlich am besten, nichts hinzuzufügen. Die Wesenheiten wollen sich nur ausdrücken und erleben, daß sie von jemandem verstanden werden, der sie nicht bewertet. Wenn die aufgestauten Gefühle freigelassen sind, sind sie bereit, sich selbst ins Licht zu entlassen. Außerdem nehmen sie dann diese Gefühle und die daraus resultierenden Entscheidungen nicht mit in die nächste Inkarnation hinein.

Kapitel 11

In diesem Kapitel sind mehrere Clearings beschrieben, die typische Situationen im Umgang mit verlorenen Seelen zeigen. Ich habe Protokolle von ganzen Sitzungen eingefügt, damit dir der Prozeß durch Wiederholung vertraut wird und du dich bei der eigenen Anwendung dieser Technik sicherer fühlst.

* * *

Nadia ist Kosmetikerin, kommt aus Osteuropa und arbeitet in Manhattan. Sie hatte ein sehr starkes Clearing von einem jungen Mädchen namens Ellie, die vor zweihundert Jahren irgendwo in Europa auf dem Land von einer Bande vergewaltigt worden war und verblutete. Nadia hatte große Angst vor Männern — besonders vor einer sexuellen Begegnung. Ellie war offensichtlich mehrere Leben lang bei Nadia gewesen, und die Befreiung ihrer Energie aus dem Zellgedächtnis von Nadias Körper war dramatisch. Als Nadia auf dem Bett lag und Ellie ihre Erfahrung noch einmal durchleben und die emotionalen Schmerzen freilassen konnte, die sie mit sich herumgetragen hatte, bebte Nadias Körper heftig.

Nachdem Ellie gegangen war, veränderte sich Nadias Einstellung gegenüber Männern. Sie hat jetzt eine sehr befriedigende sexuelle Beziehung zu einem sehr lieben Mann.

Hier eine Abschrift vom Ende ihrer Sitzung:

NADIA/ELLIE

Manhattan, 16. November 1984

RHEA: ... Ist sie weg? Nadia, ist sie weg?
NADIA: Oh, ist das komisch.
RHEA: Mm-hmm. Willkommen daheim in deinem eigenen Körper.
NADIA: Oh, mein Gesicht -- mein -- ich spüre meinen ganzen Körper. Es ist, als ob ich meinen Körper zum ersten Mal spüre!
RHEA: Ja. (lachend, als ob sie jemanden vorstellt) Nadia, dies ist dein Körper.
NADIA: Oh, es ist so neu. Es ist alles wirklich. (lacht) Oh. Kann ich jetzt die Augen aufmachen?
RHEA: Ja.
NADIA: Deshalb war mir so ...?
RHEA: Genau.
NADIA: Ich hab's gespürt -- ich hab's wirklich gespürt!
RHEA: Ich möchte zwei Sachen sagen: -- Nimm's leicht; nimm dir Zeit.
NADIA: Es ist, als ob ich ins Leben zurückkäme.
RHEA: Ja ... das stimmt.
NADIA: Wie ist es möglich, daß zwei Wesenheiten in einem Körper leben?
RHEA: Ellie ist eine sogenannte verlorene Seele.
NADIA: Weißt du, da war ein ständiger Konflikt in mir.

Ich weiß, wer ich bin — ich — und plötzlich tat mir jemand weh oder jemand — als ob jemand anderer die Herrschaft übernahm, und ich wurde sehr wütend und sagte Dinge, die ich normalerweise nicht sagen würde — und reagierte total anders als Nadia reagiert.

RHEA: Ja, so ist es.

NADIA: Und ich dachte mir „Warum hast du das getan?“ -- zum Beispiel in Wut oder Angst ausbrechen oder sagen „Na, wenn du nicht meinst -- du meinst . . .“ -- weißt du, als ob -- und so und dann wieder so sein -- das bin nicht -- das bin nicht ich. Deshalb ist da immer ein Konflikt, und es war, als ob -- meine Mutter sagte, ich sei wie zwei verschiedene Personen. Was ist denn eine verlorene Seele?

RHEA: Eine Wesenheit, die nicht mehr in ihrem Körper ist, aber noch an der irdischen Ebene festhängt, an der Persönlichkeit aus diesem Leben, und die sich in dem Körper von jemand anderem versteckt. Geister sind verlorene Seelen --

NADIA: Was?

RHEA: Geister sind verlorene Seelen, die nicht in jemandes Körper sind, jedenfalls meistens nicht. — Sie sind an Orten anstatt in Personen.

Laß dich in den nächsten paar Tagen -- besonders die nächsten drei Tage -- einfach so sein, wie du bist. Du mußt nichts Bestimmtes tun, aber es kommen vielleicht Gefühle hoch -- du fühlst dich vielleicht sehr neu. Du fühlst dich vielleicht ein wenig verletzlich. Es können Gefühle aus dem Nichts heraufkommen. Vielleicht auch nicht, aber laß einfach alles zu, was kommt.

NADIA: Ohne zu rationalisieren?
RHEA: Genau. Versuch nicht herauszufinden, warum und wieso. Laß dich einfach sein. Weißt du, es ist wie wenn -- wie wenn du einen Zylinder hast mit Energie drin, und du nimmst eine andere ganze Gruppe von Energie und drückst damit von oben hinein --
NADIA: Das ist mit mir passiert?
RHEA: Ja. Jetzt haben wir diese andere Energie herausgenommen, wir haben sie losgelassen -- du spürst, wie verändert deine Energie ist; deine ganze Schwingung ist anders.
NADIA: Ich weiß. Es ist, als ob ich das erste Mal -- ich hab' das Gefühl, als ob ich mich in meinem ganzen Körper ausbreite. Und als ich dalag und sagte „Ich fühl' mich friedlich", war es wie das erste Mal, das mein eigenes Selbst die Herrschaft über den Körper übernahm. Ich hab' mich gefühlt, als ob ich mich ausbreite, weißt du, als ob das Blut durch meine Hände und Handgelenke fließen würde; es war, als ob es einfach die Herrschaft übernähme -- das erste Mal, daß ich das wirklich erlebt habe. Das Interessante ist aber, daß ich mir die ganze Zeit bewußt war, was vor sich ging; ich war mir bewußt, daß sie meinen Körper benutzte, aber mit einer anderen Stimme. Und es war, als ob -- weißt du, ich dachte „Ich denke mir das aus. Ich denke mir das aus. Das bist doch nicht du, Nadia -- du bildest dir das ein." Aber es war da; ich konnte es nicht kontrollieren. Ich sagte mir: „Versuchst du, etwas vorzuspielen? Nadia, spielst du da was vor?" Und ich war mir bewußt, wie ich zitterte und all das, und ich sah -- ich war mir bewußt -- und ich sah die

Szene mit ihr vor mir, die Männer und alles. Es ist verrückt. Weißt du, das ist einfach erstaunlich. Es ist wie WOW! (lacht) Ich bin Männern nahegekommen und davongelaufen. Ich hatte Angst vor Männern.

RHEA: Ja, das erklärt bestimmt deine Gefühle. Du brauchst keine Angst mehr vor ihnen zu haben. Sie sind nicht alle so.

NADIA: Es ist wie ein Sternennebel. Und ich spürte etwas wie -- ich konnte sie durch das Dunkel nicht sehen -- ich meine, da war keine materielle Form, ich konnte bloß -- es war wie ein Nebel oder sowas, als sie wegging -- weißt du, was ich meine? -- Sie ging zu dem Sternennebel hin, den du das Licht nanntest. Ich sah es wie einen Sternennebel, ein leuchtender Sternennebel von Licht und sie ging darauf zu. Und als du gesagt hast, die Engel kommen? Sie waren eigentlich nicht wie Engel; es war, als ob etwas sie mitnahm. Sie hatten nicht die Form von Engeln; sie waren nicht wie kleine Engelchen -- überhaupt nicht. Es war etwas anderes. Aber es war trotzdem wie zwei Dinge gleichzeitig, etwas, das sie zu dem Sternennebel führte. Und es war das erste Mal, daß ich wirklich meinen Körper erlebte; ich merkte, daß ich ihn überhaupt nicht gespürt hatte.

RHEA: Sehr gut.

NADIA: Also, hab' ich mir das nun ausgedacht oder nicht? Ich meine, war es meine Einbildung? Aber das kann nicht sein, es war viel zu stark. Es war viel, viel zu stark. Ich konnte es nicht kontrollieren. Ich konnte es einfach überhaupt nicht kontrollieren. Und all das Zittern und die Gefühle, und tatsächlich -- weißt du, rauf-

und runtergehen und fallen, und ich habe diesen grotesken Mann mit dem Bart und den großen blauen Augen und der Lederjacke und dem weißen Hemd gesehen, und das Lachen hinter seinem Rücken gehört. Und ich sah die Rutsche (engl. „glide") --

RHEA: Die was?

NADIA: Es war wie eine Rutsche, eine Wiese mit einer Landstraße.

RHEA: Ja. Ja, eine Lichtung (engl. „glade") --

NADIA: Eine Lichtung! Ich sagte Rutsche. Nein, ich meine eine Lichtung, und die Wälder und -- ich find's verblüffend.

(Tonband aus)

* * *

Paul ist Börsenmakler an der Wall Street und war beim Militär und der Regierung in Washington beschäftigt. Er ist ein zupackender Geschäftsmann, dem es trotz aller Psychotherapie niemals gelang, ein bedrückendes Angstgefühl loszuwerden, das ihn oft überwältigte. Paul hatte zwei Wesenheiten in sich, deren widerstreitende starke Gefühle einen inneren Kriegszustand in ihm hervorriefen. Es wäre interessant, zu spekulieren, welchen Einfluß wohl die zweite verlorene Seele, Barron, auf Pauls Anteil an der Politik in Washington hatte.

Die erste Wesenheit, die er in sich trug, wollte nicht gehen. Plato fühlte, daß er seine Identität zurücklassen würde, daß er, wenn er Paul verließe, „wirklich sterben" würde. Er spürte auch, daß er in einer anderen Inkarnation wieder zur Erde zurückkommen müßte und wollte das nicht.

Für viele von uns waren die Inkarnationen auf der Erde nicht angenehm. Die meisten von uns kommen aus weniger dichten Schwingungen, wo Liebe die einzige Wirklichkeit ist, und unsere Erfahrungen in dieser Dimension sind sehr schwierig für uns. Wir haben die Erfahrung dieser Realität zu einem bestimmten Zweck gewählt, und bevor diese Absicht nicht vollständig erfüllt ist, kommen wir nicht „vom Rad herunter". Wir können, wenn wir sterben, nicht „heimgehen", bis unser Zyklus in dieser Dimension abgeschlossen ist. Manche Menschen haben Selbstmord begangen, weil sie dachten, sie könnten so aus ihrem Körper heraus und heim zu Gott gehen. Das geschieht aber nicht. Wir kommen so lange zurück in die Inkarnation, bis unser Kontrakt erfüllt ist. Wenn wir diesen Körper vorzeitig verlassen, dann müssen wir nur noch einmal von vorne anfangen -- Windeln, Jugendzeit -- du erinnerst dich. Warum also nicht dieses Mal so viel wie möglich hinter uns bringen?

Wenn wir erleben, was wir in Wahrheit sind, nämlich göttliche Energie, die sich in Form manifestiert, dann ist das synonym mit „vom Rad absteigen". Wir nähern uns auf unserem Planeten einer Zeit der Entscheidung. Viele von uns sind in diese Dimension gekommen, um an der Bewußtseinsveränderung teilzunehmen, die jetzt auf diesem Planeten stattfindet. Alle Wesen sind bereits erleuchtet, aber viele von uns werden in dieser Übergangszeit ihr eigenes Erleuchtetsein bewußt erleben. Es ist eine Zeit der Freude — eine Zeit, auf die wir uns viele Leben lang vorbereitet haben. Wir machen uns dazu bereit, uns von den Illusionen der physischen Realität zu befreien und zu dem Heim zurückzukehren, das im Innern von uns allen existiert. Wie ein kluger Mensch einmal gesagt hat: „Das Himmelreich liegt im Innern." Und wenn wir den Himmel auf Erden manifestieren wollen, dann müssen wir anfangen, zu spielen wie die Götter, die wir in Wirklichkeit sind.

Folgendes geschah in Pauls Sitzung:

PLATO & BARRON

Manhattan, 5. Juni 1985

RHEA: ... und wie du da so stehst, Paul, schau in deinen Körper hinunter; schau nach, ob noch irgend jemand oder irgend etwas anderes in dir ist. Wenn ja, dann soll er, sie oder es heraufkommen und mit mir sprechen. Das ist in Ordnung, und es ist jetzt Zeit. Wer ist da; wie heißt du? ... Wie heißt du?
PAUL: Plato.
RHEA: Okay. Plato, was machst du da bei Paul? Es ist in Ordnung, wenn du deine Gefühle herausläßt.
PLATO: Ich bin in seinem Körper.
RHEA: Ja. Was ist mit deinem eigenen Körper geschehen, Plato?
PLATO: Ich brauchte einen Platz, wo ich hingehen konnte.
RHEA: Was ist mit deinem eigenen Körper geschehen?

PLATO: Ich wohne in Pauls.
RHEA: Wie alt bis du Plato?
PLATO: Ich weiß nicht.
RHEA: Wie alt warst du, als du zuletzt in deinem eigenen Körper warst.
PLATO: Viele Jahre her.
RHEA: Was ist mit diesem Körper passiert -- deinem eigenen Körper?
PLATO: Ich wollte einen sicheren Ort, deshalb bin ich in Pauls Körper gegangen.
RHEA: Was ist mit deinem eigenen Körper passiert?
PLATO: Er ist verschrumpelt.
RHEA: Was ist damit passiert?
PLATO: Er wurde zerstört.
RHEA: Wie war das für dich?
PLATO: Es war schrecklich.
RHEA: Ja. Wie wurde er zerstört?
PLATO: Ich weiß nicht. Ich mußte irgendwo hingehen, wo es sicher war. Er verschrumpelte. Ich weiß nicht -- er ist vielleicht verbrannt.
RHEA: Schau hin, Plato. Es ist in Ordnung, die Traurigkeit herauszulassen. Was ist geschehen?
PLATO: Oh, es war schrecklich.
RHEA: Ja. Es ist in Ordnung, wenn du das jetzt anschaust.
PLATO: Ich weiß nicht -- es war irgendwo, wo Feuer waren, das weiß ich ... Da waren Feuer ... Ich weiß nicht ... Ich hab' Angst, hinzuschauen -- es war so schlimm; hier drin geht's mir besser ... als wenn ich zurückgehe und das anschaue.

RHEA: Ja. Was ist passiert? Es ist in Ordnung, es jetzt anzuschauen.

PLATO: Ich weiß bloß, daß da Feuer waren -- es war sehr beängstigend ... Alles, was ich sehe -- eine Stadt oder sowas brannte, aber ich sehe mich noch nicht darin. Ich hab' solche Angst davor ... Ich kann nicht darüber sprechen.

RHEA: Atme einfach in die Angst hinein. Spüre sie im Körper; das ist in Ordnung. Ja, das ist in Ordnung -- du kannst es jetzt spüren. Es ist okay.

PLATO: Ich will da nicht näher hingehen.

RHEA: Das macht dir richtig Angst, hm?

PLATO: Mmm. Ich will mich nur zusammenkauern.

RHEA: Das hast du gemacht, hm?

PLATO: M-hm. In Pauls Körper ist es sicher. Ich will nicht herauskommen, um zurückzugehen.

RHEA: Ich verstehe.

PLATO: ... Ich bin hier drin. Es ist zu beängstigend. Es ist sehr beängstigend ... ich kann sterben.

RHEA: Du bist gestorben, oder?

PLATO: Wenn ich aus Pauls Körper herauskomme, werde ich nochmal sterben.

RHEA: Ah ja. Es macht dir ganz schön Angst, hm? ... Wo warst du, als du gestorben bist?

PLATO: Ich weiß nicht, es ... nicht in Griechenland -- aber eine von den Städten der Gegend. Nicht im Mittleren Osten. Irgendwo am Mittelmeer.

RHEA: Und was geschah dort?

PLATO: Ich bin jetzt nicht in Kontakt damit. Ich fühle mich ein bißchen sicherer. Ich weiß nur, daß da -- etwas

Schreckliches war ... Feuer und Menschen. Ich sehe Rauch, aber ich bin in einer Entfernung und schaue es an.
RHEA: Was war mit deiner Familie?
PLATO: Sie kamen um ... sie kamen um.
RHEA: Wie war das?
PLATO: Schrecklich ... schrecklich -- ich will da nicht zurückgehen.
RHEA: (nach einer Pause) Es ist Zeit, zum Licht zurückzugehen, zurück zu Gott.
PLATO: Ich habe Angst davor, irgendwo hinzugehen. Ich will sicher sein. Ich will nicht durch den Schrecken ... durch die Grausamkeit. Ich will nicht auf der Erde sein.
RHEA: Ich verstehe.
PLATO: Ich will nicht auf der Erde sein.
RHEA: Es ist ein schlimmer Ort für dich, hm?
PLATO: Ich will nicht auf der Erde sein. Ich will nicht auf der Erde sein -- ich will nicht auf der Erde sein. Es ist zu grausam.
RHEA: Du kannst die Traurigkeit rauslassen. (Pause) Laß es raus.
PLATO: Oh, ich hab' solche Angst.
RHEA: Atme einfach.
PLATO: Es gehört zu dieser Angst.
RHEA: Atme einfach; atme in die Angst hinein.
PLATO: Da ist immer Angst vor dem Tod ... und Schmerz ... Angst vor den Menschen. Ich hab' wirklich Angst -- Angst -- ich will nicht -- ich hab' Angst, an das Licht heranzugehen; ich glaube nicht, daß da Licht ist. Ich sitze hier drin einfach fest -- ich will hier nicht weggehen. ... Wohin soll ich gehen?

RHEA: Zurück zu Gott. Zurück zur Quelle aller Energie und allen Bewußtseins.
PLATO: Ich hab' Angst, dahin zu gehen.
RHEA: Was meinst du, was dann geschehen könnte?
PLATO: Verschwinden ... Ich weiß nicht. Ich sehe es jetzt. Ich habe Angst, daß da keine Liebe ist.
RHEA: Da ist nur Liebe.
PLATO: (ganz leise) Ich will die Liebe. Wird es da sicher sein?
RHEA: Es wird sehr sicher sein und sehr behaglich. Und falls und wenn du bereit bist, kannst du dir einen neuen eigenen Körper wählen, in dem du wieder geboren werden und zurückkommen kannst -- wenn du bereit bist. Und das nächste Mal, falls du zurückkommen möchtest, wähle dir ein friedliches und glückliches Leben in einem Körper, der ein langes und gesundes Leben lebt, und hab' viel Freude, denn das kann man hier auch haben.
PLATO: Ich will bloß dableiben -- ich will nicht hierher zurückkommen. Ich will nicht hier sein.
RHEA: Es steht dir frei; du kannst wählen.
PLATO: Ich kann dableiben und nicht hierher zurückkommen?
RHEA: Ja, ich glaub' schon. Du kannst auch sehen, wieso du dir die Erfahrungen gewählt hast, die du das letzte Mal hattest -- wieso das Feuer, wieso einen solchen Tod.
PLATO: Das zeigt, daß es hier nicht sicher ist. Hier ist es nie sicher gewesen.
RHEA: Okay. Es ist Zeit, daß Paul der einzige in seinem Körper ist. Möchtest du ihm irgend etwas sagen, bevor du gehst?

PLATO: Es ist sehr sicher in Pauls Körper; er ist groß und stark. Es ist sicher hier drinnen. Ich muß nicht zu -- ich brauche nicht herauszukommen. Ich brauche nicht herauszukommen -- ich kann hierbleiben. Ich brauche nicht herauszukommen; ich fürchte mich zu sehr.
RHEA: Möchtest du Paul irgend etwas sagen, bevor du gehst?
PLATO: Ich hab' dir wirklich gräßlich Angst gemacht -- du hast all meine Angst und Furcht aufgenommen ... Es war eine schwere Last für dich. Ich war wie in dir zusammengerollt, wie in Embryostellung -- hatte einfach Angst ... hab' mich in deinem Bauch und in deiner Brust versteckt. Huh! Hab' mich in deinen Schultern versteckt und überall. ... Ich hab' Angst, herauszugehen. Ich geh' zum Licht, aber ich will nicht hierher zurückkommen; ich weiß nicht, ob ich gehe.
RHEA: Es wird sehr gut sein. Ich glaube, du kriegst Gesellschaft -- ich glaube, ein paar Engel werden kommen und dich holen --
PLATO: Oh, das möchte ich. Ich möchte gehen. Ich bin müde ... sehr müde. Ich will Frieden haben.
RHEA: Plato, ich spreche mal kurz mit Paul, ja? Paul, gibt es irgend etwas, was du Plato sagen möchtest, bevor er geht?
PAUL: Ich verstehe, wieso er dableiben wollte. Ich bin ein Krieger. Er hat mich zurückgehalten. Weil ein Krieger Angst und Gefahr ins Auge schauen kann, und er sollte nicht da sein und mich zurückhalten -- all diese Angst -- in meinem Bauch, in meiner Brust. Es ist Zeit, daß er weitergeht, und deine Angst hat mich überwältigt. Ich

muß hinausgehen und nur Paul sein und stark sein und im Augenblick leben -- dem Augenblick ins Auge schauen. Und Plato, du -- deine Angst hat mich überwältigt ... all diese Angst. Sie hat in meinem Körper gesessen, in meinem Bauch. Weißt du, du hast mir im Mark gesessen. (Seufzer) Siehst du, ich muß da 'rausgehen und ... ich muß mein Leben leben. Deshalb mußt du hier raus. Geh auf die andere Seite -- und laß mich in Ruhe. Hau ab, verdammt nochmal. Ich bin nämlich eigentlich -- ich bin wütend! So wie, ja, hau schon ab, verdammt nochmal. Mann, ich bin wirklich sauer.

RHEA: Ich hör's.

PLATO: Du hast mich aufgefressen, oder mein Bauch war -- weißt du. Mann, es hat an mir gefressen. (Seufzt wieder.) Die ganze Zeit. Wie ein dicker Klumpen in mir -- von Angst und Angst und Angst. Also hau endlich ab. Mach du deins; ich werd' meine Sachen machen. Ich werd' sein, was ich wirklich bin. Fuh! Du hast mich zurückgehalten. Alles -- dies ist gefährlich, das ist gefährlich, alles ist gefährlich. Alles war so gefährlich. Laß mich einfach gehen und was machen. Laß es mich einfach machen, und hau du ab, verdammt nochmal.

RHEA: Ich höre das alles, Paul. Meinst du, du kannst dem Kerl vergeben?

PAUL: Junge, das ist schwer; du hast echt lange in mir 'rumgehangen ... Ich möchte ihm verzeihen.

RHEA: Tu's.

PAUL: Er ist echt ein süßer kleiner Kerl. Ich weiß noch nicht mal, ob er überhaupt erwachsen war -- da ist eine Menge kleiner Junge in ihm. Solange dir klar ist, daß ich wütend war -- weißt du, ich bin wütend. Das sollst du wissen! Sieh dir an, daß ich wütend darüber bin, was du mit mir gemacht hast; versteh' das und nimm es an, dann kann ich dir verzeihen. Solange ich weiß, daß du weißt, was für eine Hölle ich durchgemacht habe. Und weißt du, ich bin sehr wütend, weil ich mich so fertiggemacht habe, und es ist, als ob ich dich fertiggemacht habe, du bist mir so lange im Gedärm gesessen. Ja, ich kann dir verzeihen. Plato, du hast mir ganz schön Kopfzerbrechen gemacht. Ich hab' mich deinetwegen verurteilt -- echt verurteilt, dafür, daß ich feige war und alles -- immer auf dem Kopftrip, verdammt, mit der-Angst-der-Angst-der-Angst-der-Angst-der-Angst.

RHEA: Bist du bereit, ihn loszulassen, mit deinem Verzeihen?

PAUL: Ja.

RHEA: Wunderbar. Plato, bist du bereit?

PLATO (leise, ängstlich): Nein.

RHEA: Was mußt du noch sagen?

PLATO: Ich hab' wirklich Angst. Es ist, als ob ich nicht gehen will; ich will bloß hierbleiben. Schick mich nicht weg. Ich geh dahin, wo -- ich geh zu dem Licht, aber schick mich nicht irgendwoanders hin.

RHEA: Du mußt nirgendwo anders hingehen.

PLATO: Bist du sicher?

RHEA: Ganz sicher.

PLATO: Ist es sicher da?

RHEA: Ja. .. Und ganz voller Liebe -- für dich.

PLATO: Für mich?

RHEA: Mm-hmm.

PLATO: Ich weiß nicht, wie ich gehen soll.
RHEA: Macht nichts -- du bekommst Hilfe. Bist du bereit?
PLATO: Ja. Ich bin bereit, dahin zu gehen.
RHEA: Okay. Fertig? Schau einfach nach dem Licht und nach den Engeln. Und dann, Paul, visualisiere auf der linken Seite deines Gesichtsfeldes eine Säule von weißem Licht, die vom Gottesbewußtsein herunterkommt. Dann schau in deinen Körper hinunter und finde Plato und benutze deinen Atem, um ihn und all seine Energie aus deinem Körper heraufzuziehen, und laß sie ins Licht gehen. Plato, schau nach dem Licht und schau nach den Engeln. Es ist jetzt alles gut. Geh mit den Engeln mit. Wir schicken dich in Liebe und in Frieden heim zu Gott, heim ins Weiße Licht. Nimm all deine Energie mit und verlasse Pauls Körper jetzt. Benutze weiter deinen Atem; zieh all seine Energie herauf, Paul. Sieh ihn vollständig ins Licht gehen ... gut. Schick ihn ganz ins Licht ... laß ihn los. Das ist gut; es ist gut, Plato -- du kannst es. Laß los! Genau -- laß weiter los. -- Okay, komm -- laß los; geh mit den Engeln mit ... Genau. Du kannst es.
PAUL: Oh, ich merke, wie es weggeht!
RHEA: Es ist okay. Laß los. Laß mit deinen Füßen los. Du kannst es. Laß los. Genau ... -- laß ihn los, Paul; das ist okay. Laß ihn los -- laß ihn los. Sieh ihn einfach vollständig ins Licht gehen, Paul. All seine Energie -- jedes bißchen -- ins Licht. (Stille Pause) Sag du mir, wenn er weg ist, Paul.
PAUL (nach einer Pause): Er ist weg.
RHEA: Hol' Atem. Wie fühlt sich dein Körper?

PAUL: Oh -- mein Bauch fühlt sich besser an. Er fühlt sich besser an. Da ist nur ein leichtes Kribbeln.
RHEA: Sehr gut. Das ist okay. Es ist deine eigene Energie, die aufwacht. (Paul seufzt.) Laß es los. Dann schau noch einmal in deinen Körper hinunter; schau nach, ob da jetzt noch jemand anderer ist. Wenn ja, dann soll er oder sie heraufkommen und mit mir sprechen.
PAUL: Ich weiß nicht, vielleicht in meiner Brust.
RHEA: Gut. Wer immer da noch ist, es ist Zeit. Es ist Zeit. Dies ist Pauls Körper: Er muß jetzt der einzige hier sein. Komm, sprich mit mir. Wie heißt du? Wie heißt du?
PAUL: (Man hört eine tiefere, rauhere Stimme.) Ich heiße Barron.
RHEA: Hallo, Barron. Wie alt bist du?
BARRON: Um die vierzig.
RHEA: Was ist mit deinem Körper passiert?
BARRON: Ich hab' diesen hier genommen.
RHEA: Ja. Was ist mit dem passiert, in dem du geboren wurdest?
BARRON: Der, in dem ich geboren wurde?
RHEA: Was ist mit dem Körper passiert --
BARRON: Gewalt. Er war sehr gewalttätig ... sehr gewalttätig.
RHEA: Was ist mit ihm passiert?
BARRON: Ich sehe eine Keule. Einen Schlag ...
RHEA: Welchen Einfluß hat deine Gegenwart auf Paul?
BARRON: Gewalttätig zu sein -- kriegerisch. Viel Gewalt. Schlagen.
RHEA: Worüber bist du wütend?
BARRON: Ich -- töten ... Wut? Ich weiß nicht, es ist bloß

-- erobern ... erobern.
RHEA: Barron, dieser Körper gehört Paul. Er muß hier der einzige sein. Es ist Zeit, daß du zum Licht zurückgehst und zu Gott, und wenn du bereit bist --
BARRON: Ich weiß nicht, ob ich dahin gehöre.
RHEA: Wieso?
BARRON: Ich weiß nicht ... Ha! Ich will hier sein und plündern ... und erobern ... und Paul dafür benutzen.
RHEA: Das ist aber nicht dasselbe, oder? Ehrlich?
BARRON: Nein, aber es ist ... die Unbarmherzigkeit und Erobern. Und böse.
RHEA: Es ist doch nicht dasselbe, oder? Es ist doch nicht dasselbe, als wenn du in deinem eigenen Körper bist.
BARRON: Nein. Nein, ich bin nicht frei, alles zu tun, was ich will. Er bekämpft mich. Er bekämpft mich eindeutig.
RHEA: Wenn du ins Licht zurückgehst, kannst du, wenn du bereit bist, einen anderen eigenen Körper wählen, in dem du geboren wirst.
BARRON: Ich will darin geboren werden -- damit ich ein Wilder sein kann.
RHEA: Ah ja.
BARRON: Und das ist gegen das Licht.
RHEA: Das ist gegen das Licht?
BARRON: Ja. Das Licht erlaubt das nicht. (Langer Ausatmer)
RHEA: Sieht nicht so aus?
BARRON: Nein ... Ich will Böses tun. Ich hab' etwas Böses an mir.
RHEA: Meinst du?
BARRON: Eindeutig (macht knurrende Geräusche).

Kannst du es spüren?
RHEA: Du bist total hart, was? Knallhart?
BARRON: O ja, o ja. (Beide lachen.)
RHEA: Na ja, böse (engl. „evil") ist nur leben (engl. "live") von hinten gelesen.
BARRON: Nur was?
RHEA: Leben von hinten her gelesen.
BARRON: Huh! -- Wenn man am Leben bleiben will, muß man böse sein.
RHEA: Echt?
BARRON: Ja-ha.
RHEA: Bist du auf diese Weise am Leben geblieben?
BARRON: Ja.
RHEA: Du bist aber tot, wie du merkst.
BARRON: (langer Ausatmer) Ja.
RHEA: Dein Körper ist gestorben, nicht?
BARRON: Ja. Ich kann aber diesen hier beherrschen. Pauls.
RHEA: Das ist aber nicht das gleiche, oder?
BARRON: Nein. Ich bin darin nicht frei.
RHEA: Nein. Barron, es ist Zeit, ins Licht zurückzugehen. Alles kommt aus dem Licht.
BARRON: Das Licht wird mich verurteilen ... das befürchte ich ... für das, was ich getan habe.
RHEA: Hast du dich dafür verurteilt?
BARRON: Mm-hmm. Dafür, daß ich erobern wollte.
RHEA: Und meinst du, du kannst dir verzeihen?
BARRON: Na ja, ich konnte nur so leben ... -- durch erobern ...
RHEA: Kannst du dir verzeihen?

BARRON: Ja.
RHEA: Wunderbar. Meinst du, Gott kann dir verzeihen?
BARRON: Oh, der ganze Körper kribbelt ... Wenn er versteht -- und Gott versteht -- nur so könnte ich gehen; was wollte Er von mir? Ich konnte es nur so machen; ich konnte nur so. Ich wußte nichts anderes. Ich weiß nicht, wie ich es so machen soll. Das ist neu. Es ist eine neue Weise.
RHEA: Ich wette, du hast mit Paul eine Menge gelernt. Du könntest das beim nächsten Mal mitbringen.
BARRON (seufzt): Es ist anstrengend. Es ist anstrengend, immer gereizt zu sein. Immer gereizt.
RHEA: Ja. Meinst du, Gott könnte dir verzeihen, Barron?
BARRON: Ja. Bitte verzeih mir, Gott. Gott, bitte verzeih mir; ich weiß es nur so. Ich kann nichts anderes ... Ich dachte, wenn man immer wütend bleibt -- was für ein Leben, immerfort wütend zu bleiben. (Pause) Mein Körper ist schwer -- sehr schwer.
RHEA: Barron, möchtest du Paul irgend etwas sagen, bevor du gehst?
BARRON: Ich bange um dich. Sei nicht zu naiv.
RHEA: Möchtest du dich für irgend etwas entschuldigen?
BARRON: Dafür, daß ich dich so verrückt gemacht habe. Dafür möchte ich mich entschuldigen -- daß ich dich so verrückt gemacht habe. Du hast dauernd so getan, als wolltest du in den Krieg ziehen und andere beherrschen und regieren -- deshalb wolltest du die Regierung, Paul -- wegen der Macht. Und ich blieb da drin, um ihn von der Liebe fernzuhalten. Paul von der Liebe fernhalten; so

kriegt man ihn. Er hat Angst vor der Liebe. Halt' ihn im Krieg. Er muß lernen, daß Liebe keine Schwäche ist. Liebe bedeutet nicht, daß du nicht mehr leben kannst. Paul, du mußt lernen, wie du lieben und trotzdem stark sein kannst, trotzdem überleben. Liebe und Überleben -- da liegt die Verwirrung: Wenn du liebst, kannst du nicht überleben. Paul hat es gern, daß ich da bin; das ist sein Vorwand. Auf diese Weise kann er verrückt sein -- vor der Liebe weglaufen. Fuh! ...

RHEA: Ich möchte kurz mit Paul sprechen. Paul, möchtest du Barron irgend etwas sagen?

PAUL: Ja. Ich hab' Angst, wenn du gehst ... du hast mich in meinem Wahnsinn gehalten; du hast mich verrückt gehalten. Ich muß wirklich selber lieben und überleben und stark sein und selber lernen; und es macht mir wirklich, wirklich Angst. Es macht mir wirklich Angst. Ich brauche Führung. Deshalb habe ich dich hierbehalten. Ich brauche jemanden, der mich führt, deshalb hatte ich dich hier -- damit ich mich immer in die Unbarmherzigkeit flüchten konnte. Deshalb habe ich Angst. Ich hab' dich nicht gerne um mich -- ich hab' ihn wirklich nicht gerne um mich. Aber dann habe ich niemanden zum Anlehnen.

RHEA: Wie wär's mit Paul? Wie wär's, wenn du deine eigene Kraft entdecken würdest.

PAUL: Darum geht's -- meine eigene Kraft entdecken. Heilige Kuh, jetzt hab' ich's kapiert! Ich muß meine Kraft entdecken. Ich muß mich aber an jemandem festhalten, der mich in die Arme nimmt; ich brauch' jemanden zum Umarmen. Das will ich nicht allein machen. Ich kann's, wenn ich bloß jemanden zum Umarmen habe.

RHEA: Du könntest dich zu Anfang vielleicht erstmal selbst in die Arme nehmen.
PAUL: Mich selbst in die Arme nehmen. (Kichert) Ich fühle mich leer ohne diese Kerle.
RHEA: Ich hör's.
PAUL: Wirklich ... Es ist Zeit, daß sie gehen, hm?
RHEA: Ja.
PAUL: Aber ich kenne mich noch gar nicht. Ich weiß noch nicht, wie ich mich selbst in die Arme nehmen kann. Ich fühle mich sehr nackt ... und ängstlich.
RHEA: Ja, ich verstehe.
PAUL: Ich bin nämlich eigentlich sehr weich und liebevoll -- und sehr nett. Hier ist nicht der richtige Platz für mich -- nicht hier. Und das muß ich lernen.
RHEA: Bist du also bereit, Barron zu verzeihen und ihn gehen zu lassen? Ihm vielleicht sogar zu danken?
PAUL: Du hast mich in gewissem Maße blind gehalten, weißt du, -- diese Wildheit und diese unbarmherzige -- diese blinde Unbarmherzigkeit; es war mir noch nicht mal bewußt. Ich war noch nicht mal ganz wach dafür; ich hab' bloß blind um mich gehauen und ... Mit wem werde ich mich verbünden? Ihm verzeihen? ... Es ist, als ob ich hin und hergehe zwischen ihm und mir. Mann, hier werde nur noch ich sein.
RHEA: Das stimmt. Und das ist genug.
PAUL: Das ist es, was ich noch nicht sehe. Ich seh' das nicht. Davor hab' ich Angst; deshalb hab' ich Angst, ihn loszulassen. Ihn loslassen und nur alleine sein?
RHEA: Sei alles, was du bist ... damit du dein Schicksal erfüllst, mußt du der einzige in deinem Körper sein. Um

deinen Weg zu gehen, mußt du deinen Weg klar sehen können. Wirklich. Und es ist Zeit; du hast das andere ausprobiert.

PAUL: Ich brauche aber eine Waffe oder sowas; ich brauche ein Schwert. Was ist damit -- wird für mich gesorgt sein?

RHEA: Wird für dich gesorgt sein?

PAUL: Oh, Gott ... Ich werd' auf Gott vertrauen müssen ... Ich weiß nicht. Da sitzt die Blockade. Ich weiß einfach nicht, was ich tun soll. Übergibt man es einfach an Gott, oder was macht man?

RHEA: Du bekommst die Gelegenheit, wirklich zu entdecken, wer du bist.

PAUL: Ach, du meine Güte! Fuh. Dazu kann ich keine Zuflucht nehmen. Ich kann nicht wegrennen. Ich weiß nicht, ob ich bereit bin. Aber so tut es zu weh. Ich muß einfach auf mich vertrauen?

RHEA: Ja, und alles entdecken, was du bist. Du bist viel mehr, als du vorher wahrgenommen hast.

PAUL: Bekomme ich Hilfe?

RHEA: Du wirst alle Hilfe haben, die du je brauchst.

PAUL: Ich nehm' an, es ist Zeit, daß er geht. Ich weiß das; es ist Zeit, daß er geht. Ich hab' immer solche Widerstände. Puh! Ich weiß, ich hab' die Kraft. Na gut.

RHEA: Fertig? Ich weiß, daß es Angst macht; das kriege ich wirklich mit.

PAUL: Ich werde ganz allein auf dem Planeten sein. (Lacht.) Das ist kein Ort, um allein zu sein! Kein Platz zum Alleinsein. Ich werde der einzige hier sein.

RHEA: Du wirst der einzige in deinem Körper sein, ja.

Und du wirst dich zum Ausdruck bringen, ja. Und wer weiß? -- Vielleicht wirst du dich sogar außen nach Gesellschaft umsehen.

PAUL: Ich bin noch ein Kind.

RHEA: Das sind wir alle, und das ist unser Spielplatz. (Lacht)

PAUL: Weiß ich nicht. Es ist ein verrückter Spielplatz. Ich möchte Leute kennenlernen, die lieben und sich in die Arme nehmen. Wie kann ich so in der Regierung sein? Ohne ihn ...

RHEA: Die Regierung wird es ohne ihn aushalten. Fertig?

PAUL: (seufzt) Ich soll nur auf mich vertrauen -- und in der Regierung sein?

RHEA: Klingt wie ein ziemliches Abenteuer.

PAUL: Na gut, Jungs -- ihr müßt aufhören zu kämpfen. Werden sie auf mich hören?

RHEA: Du wirst schon sehen.

PAUL: Ich brauche auch eine süße Freundin. Kriegt man dann auch eine Freundin?

RHEA: Das liegt bei dir.

PAUL: (lacht) Ja?

PAUL: Es wäre viel besser, weißt du. Es wird -- ich brauch' auch ein bißchen guten Sex. Ich kann das, glaub' ich -- wenn ich jemanden hätte, mit dem ich zusammensein kann, dann könnte ich es wohl ... Uff! Na ja, Gott hat uns das Schwert der Wahrheit gegeben, nicht?

RHEA: Ja.

PAUL: Das ist das Schwert -- einfach die Wahrheit zu sagen.

RHEA: Mm-hmm.
PAUL: Okay. Ich hab' echt Angst, Rhea. Wenn ich diesen Weg einschlage -- da gibt es kein Zurück, was?
RHEA: (Pause) Nein.
PAUL: Aber die Kraft liegt in der Wahrheit. Da liegt die Macht.
RHEA: Mm-hmm.
PAUL: Na gut.
RHEA: Bist du bereit?
PAUL: Das Dumme ist bloß, wenn ich die Wahrheit verliere, muß ich wieder hineinkommen, ich muß mich die ganze Zeit in die Mitte bringen. Dieser Idiot von Barron bringt mich immer durcheinander. Weißt du? Den anderen hab' ich draußen; jetzt muß der Kerl 'raus ... Er ist ein gemeiner Hund. Okay. Los!
RHEA: Ja.
PAUL: Ich kann auch verdammt stark sein, oder!
RHEA: Du kannst du selber sein.
PAUL: ... All diese Liebe?
RHEA: Ja.
PAUL: (kichert) Wie geht man da auf der Straße? (Seufzt) Darum geht's. Im Geschäft und in der Regierung.
RHEA: Du wirst bloß entdecken -- erstens, daß du dein eigener Schutz bist; und zweitens, daß es letztlich nichts zu beschützen gibt.
PAUL: Nein?
RHEA: Nein, nicht wirklich.
PAUL: Na gut, los geht's.
RHEA: So, Barron, bist du bereit?

BARRON: Hah! Ich nehm' eine Keule mit!
RHEA: Okay. (Lacht) Das ist in Ordnung. Bist du bereit?
BARRON: Da ist gerade eine komische Energie gewesen -- in meinem Kopf. Ich geh' jetzt also hier weg, was?
RHEA: Es ist Zeit, zum Licht zu gehen.
BARRON: Gott wird verstehen?
RHEA: Gott wird bestimmt verstehen.
BARRON: Mir verzeihen? Und mich lieben -- bei all den schlimmen Sachen?
RHEA: Dir verzeihen und dich lieben -- Punkt. Die anderen Sachen werden verschwinden.
BARRON: Na gut. All das Schlechte, das ich getan habe? Ich brauch mich darum nicht zu sorgen, hm?
RHEA: Nein. Bist du bereit?
BARRON: Er wird die Kriege verstehen?
RHEA: Ja. (lange Pause) So, Paul, visualisiere noch einmal auf der linken Seite deines Gesichtsfeldes eine Säule von weißem Licht, die vom Gottesbewußtsein herunterkommt, und schau dann in deinen Körper hinunter und finde Barron und benutze deinen Atem, um ihn und all seine Energie aus deinem Körper heraufzuziehen, und laß sie ins Licht gehen. Barron, wir senden dich in Liebe und in Frieden heim zu Gott, heim ins Weiße Licht, Barron. Nimm all deine Energie und verlasse Pauls Körper jetzt. Hah! Zieh ihn herauf und laß ihn los, Paul. Laß ihn gehen. Sieh einfach das Licht und sieh Barron vollständig in das Licht gehen. In Liebe und in Frieden. Laß ihn gehen -- schick' ihn ins Licht hinauf. Halte das Licht und nimm deinen Atem zu Hilfe und schicke ihn hinauf und laß ihn los. Laß ihn los.

PAUL: ... in meinem Kopf -- in meinem Kopf und in meiner Brust.

RHEA: Ja. Zieh ihn herauf. Laß ihn los. Sag mir, wenn er weg ist.

PAUL: Barron geht. (Lange Pause) Er ist noch nicht weg ... Er will nicht gehen. Ein Teil von ihm ist weg.

RHEA: Ja. Barron, was brauchst du, damit du all deine Energie mitnehmen kannst? Was mußt du noch wissen oder mitteilen?

BARRON: Daß ich nicht in die Hölle geschickt werde.

RHEA: Nein. Du wirst bestimmt nicht in die Hölle geschickt.

BARRON: Dann gehe ich, wenn ich nicht in die Hölle geschickt werde.

RHEA: Halte weiter das Licht für ihn, Paul. Barron, es ist sicher. All deine Energie -- jetzt.

PAUL: (lange Pause) Er ist fast weg.

PAUL: Was ist das für eine Energie in meinen Fingerspitzen?

RHEA: Sie werden lebendig.

PAUL: Ich glaube, er ist weg. (Weitere Pause) Aber es kommt mir vor, als ob immer noch ein Faden von Energie ... festhält.

RHEA: Laß alles los. Sieh den Faden, alles von ihm, ins Licht gehen. Es ist in Ordnung, Barron dir ist verziehen.

PAUL: (Pause) Okay. Er ist jetzt da oben. Es ist nur ein bißchen ungemütlich.

RHEA: Ja. Atme tief durch und schau, wie sich dein Körper anfühlt.

PAUL: Leichter.

RHEA: Sehr gut. Paul, jetzt geh in deinen Körper hinein. Spüre deine eigene Essenz, dein eigenes Wesen, und sieh diese Essenz als ein leuchtendes goldenes Licht, das sich mit jedem Atemzug nach außen ausdehnt.
PAUL: Ich weiß nicht, ob ich schon jemals in meinem Körper gewesen bin.
RHEA: Jetzt ist es Zeit, daß du ganz in deinen Körper kommst. Sieh einfach dein eigenes Selbst als leuchtendes Licht, das sich mit jedem Atemzug nach außen ausdehnt und all den Raum, den Plato und Barron hinterlassen haben, ausfüllt, und wisse, daß du, du selber, vollständig und genug bist und daß dir alle Qualitäten, die Menschen haben können, zur Verfügung stehen. Und du kannst zu jeder beliebigen Zeit wählen, jede beliebige dieser Qualitäten zu manifestieren.
PAUL: Ich fühle -- ich fühle da drin. Ich fühle mich mächtiger.
RHEA: Ja. ... Bemerkst du eine Veränderung in deiner Energie?
PAUL: Mm-hmm. Ich fühle mich mehr geerdet in meinem Sein.
RHEA: Laß einfach weiter los.
PAUL: Ich fühle mich hier drin anwesender. Es ist ein bißchen komisch.
RHEA: Das ist in Ordnung. Ich zähle gleich bis drei ...

* * *

(Nachdem Paul die Augen geöffnet und sich aufgesetzt hatte, fand das folgende Gespräch statt:)

PAUL: Ich bin mein ganzes Leben lang wie schizophren gewesen -- als ob ich nicht wußte, wer ich eigentlich bin. Und ich wurde immer wieder zu diesem kleinen verängstigten Kerlchen und machte in der Regierung komische Machttrips und sowas und war dabei niemals in meiner Mitte ...

RHEA: Als ob du nie wußtest, wer du eigentlich bist.

PAUL: Nie. In meinem ganzen Leben nicht. Das hier ist erstaunlich. Ich fühle mich nackt. Ich fühle mich auch sehr liebevoll.

RHEA: Wunderbar!

PAUL: Ich gehe gleich zu einem Geschäftsessen in die Wall Street. Wie nimmt man denn sowas dahin mit? (Gelächter)

* * *

Gwens Sitzung ist ein Beispiel für ein mehrfaches, schichtenweises Clearing. Sie hatte nicht nur mehrere verlorene Seelen in sich, sondern eine der verlorenen Seelen (die namenlose „Kleine") hatte noch eine andere Wesenheit (Esmeralda) in sich. Es ist möglich, daß eine verlorene Seele noch eine weitere in sich trägt. In diesem Falle geht das Clearing schichtweise vor sich. Gelegentlich hat ein Mensch mehrere „andere" in sich, wie Gwen. Wenn man ein paar davon befreit hat, bekommen sie den Eindruck, daß das Hotel schließt. Man kann dann gewöhnlich weitere Energien kollektiv ansprechen und sie alle auf einmal aus dem Körper schicken. Beachte, daß ich Gwen am Ende ihrer Sitzung sagte, sie solle „alle anderen Energien", die nicht ihre sind, loslassen.

In seltenen Fällen kann eine große Gruppe von Wesenheiten anwesend sein, die gemeinsam gestorben sind — Opfer eines Konzentrationslagers oder ein Stamm, der massakriert wurde. Wenn du eine Gruppe entdeckst, dann bitte darum, mit einem Vertreter der Gruppe zu sprechen, der als Sprecher fungieren kann, und laß ihn oder sie alles zum Ausdruck bringen, was die Gruppe sagen möchte. Wenn alle Beschwerden oder Gefühle mitgeteilt wurden, kannst du die Gruppe als Ganzes erlösen.

Hier ist ein Protokoll von Gwens Sitzung:

GWEN

Manhattan, 21. Februar 1985

RHEA: ... Schau in deinen Körper hinein und sieh nach, ob außer dir noch irgend jemand oder irgend etwas anderes da ist. Wenn ja, dann soll er, sie oder es heraufkommen und mit mir sprechen. Das ist in Ordnung, es ist jetzt Zeit. Also, wer ist da? Wie heißt du? Gut, gut. Gut, gut, -- wie heißt du? Was ist passiert? Hmm? Weine nur, das ist in Ordnung. Wie alt bist du?
GWEN: Zwei ... zwei.
RHEA: Zwei? Ein ganz Kleines, hm?
KLEINE: Ja.
RHEA: Weißt du noch, wie du heißt?
KLEINE: Nein, ich weiß nicht. (Es ist eine ganz winzige Stimme, ängstlich und verstört. Man merkt, daß ein zwei-

jähriges Kind spricht, nicht wegen der „Babysprache“, sondern eher, weil der Inhalt von jemandem zeugt, der noch sprechen lernt, das heißt, die Mitteilungen sind nicht oft in Sätze gefaßt und manchmal stehen anstelle richtiger Wörter Töne mit einer ähnlich klingenden Beugung.)

RHEA: Bist du verlorengegangen, Kleines?

KLEINE: (Undeutlich, gefolgt von Weinen)

RHEA: Ja ... weine nur. Ja -- atme ... atme einfach hinein, atme in die Angst hinein. Das ist gut. Ja, atme nur hinein -- es ist okay ... Kleines, was ist mit deinem eigenen Körper passiert? Hmm? Was ist mit deinem kleinen, zwei Jahre alten Körper passiert?

KLEINE: Ich weiß nicht.

RHEA: Ist er weggegangen?

KLEINE: Ich weiß nicht, wo er ist!

RHEA: Atme nur -- das ist gut. Laß die Traurigkeit heraus. Laß es raus. Du brauchst nicht mehr tapfer zu sein. Es ist in Ordnung. Geh einfach zurück und schau nach, was mit deinem Körper passiert ist. Was ist mit deinem eigenen kleinen Körper passiert?

KLEINE: Ich seh' ihn nicht.

RHEA: Geh zurück zum letztenmal, wo du drin warst, als du ihn sehen konntest. Schau mal nach -- was ist da passiert?

KLEINE: (wimmert) Ich war im Gras (undeutlich) ... Ich bin im Gras gerannt ... und ein Mann ist gekommen. (Undeutlich)

RHEA: Mm--hmm. Und was ist geschehen?

KLEINE: Ich weiß nicht. Ich bin im Gras gerannt. Es war

sehr sonnig ...
RHEA: M-hm. Und was war dann?
KLEINE: (undeutlich) Schwarz ... (bricht in hohe, angstvolle Schluchzer aus) Es ist ganz dunkel. Oh, ich glaube, sie können mich nicht mehr sehen. (jammert)
RHEA: Ja. Das ist gut. Atme nur in die Angst hinein und laß es dich anschauen ... Das ist gut. Es ist in Ordnung -- du kannst es jetzt anschauen.
KLEINE: (undeutlich) Er hat einen Sack. Ein Tuch bedeckt mich -- ein Beutel oder ein Sack. (Sie atmet in raschen, kurzen Stößen)
RHEA: Und was war dann?
KLEINE: Ganz schwindlig. (Wird ruhiger und scheint verwirrt.)
RHEA: Und was war dann?
KLEINE: Konnte nichts sehen. (Undeutlich)
RHEA: Atme einfach weiter hinein, das ist gut. Geh noch mal ein bißchen zurück, dahin, als du im Gras gelaufen bist, und schau deinen Körper an. Sag mir einfach, wie er aussieht. Wie siehst du aus?
KLEINE: Ich bin ein kleines Mädchen. Ich habe ein rosa Kleid an. Ein kleines Baumwollkleid, das ist rosa.
RHEA: M-hm. Gut.
KLEINE: Ich hab' keine Schuhe an.
RHEA: Gut. Du wurdest in einen Sack gesteckt?
KLEINE: Ja.
RHEA: Und dann?
KLEINE: (spricht mit winziger undeutlicher Stimme)
RHEA: Mh-hm, das ist okay. Was geschah, als du in dem Sack warst?

KLEINE: Ich weine, und ich weiß nicht, was ich machen soll. Ich bin bloß ganz zusammengerollt hier. Ich weiß nicht, was los ist.
RHEA: Gut. Gut -- es ist in Ordnung. Schau nur weiter hin; du kannst es jetzt sehen. Was geschah dann? Was geschah als nächstes? -- Was ist passiert?
KLEINE: (wimmert) Er hat mich erwürgt. Oh ...
RHEA: Atme weiter hinein -- es ist jetzt in Ordnung, es anzuschauen ... Schau, was mit deinem kleinen Körper passiert ist. Ist er erwürgt worden?
KLEINE: Ja. (undeutlich, weint)
RHEA: Laß es raus -- es ist gut. Atme weiter hinein und laß es rauskommen. Das ist gut -- komm ... Es klingt ziemlich schrecklich -- es klingt furchtbar schrecklich.
KLEINE: (weinend, ängstlich) Hier ist noch jemand -- in meinem Körper ist jemand anders! Oh, geh weg! (lauteres, ängstlicheres Weinen)
RHEA: Es ist in Ordnung; wir werden sie gleich ins Licht schicken -- es ist okay. (Kleine beruhigt sich.) Es ist Zeit -- es ist Zeit, heim zu Gott zu gehen. Es ist Zeit. (Kleine stöhnt.) Kleines, hast du das Gefühl, daß noch jemand anderes in deinem Körper ist? Hmm? (Kleine weint) (undeutlich) Der Körper, in dem du bist -- in dem *du* bist, gehört Gwen, und für dich ist es Zeit, zurück zum Licht zu gehen, zurück zu Gott -- heim mit den Engeln. Es ist jetzt Zeit dafür. Und wenn irgend jemand in *deinem* Körper ist, dann kann er auch ins Licht gehen. Schau mal nach, Kleines; du bist in Gwens Körper -- schau mal, ob noch jemand in deinem Körper ist. Ist in deinem Körper auch noch jemand anderer? Oder nicht? Oder fühlt es sich nur

so an? Laß mich mit dem sprechen, der da vielleicht in deinem Körper ist. Laß mich mit dem anderen sprechen ... (Der Ton des Weinens der Kleinen verändert sich.) Ja, du -- du komm, sprich mit mir. Wie heißt du?

STIMME: Gemein! Ich bin gemein. (Man hört einen keuchenden Atem.)

RHEA: Du bist gemein?

STIMME: Ich bin gemein. (Diese Stimme ist scharf, klar und schneidend.)

RHEA: Aha. Wie alt bist du? Hm?

STIMME: Ich weiß nicht.

RHEA: Wie heißt du?

STIMME: Esmeralda.

RHEA: Esmeralda, hallo.

ESMERALDA: (mürrisch) Hallo.

RHEA: Was machst'n du da in dieser Kleinen und in Gwen, hm?

ESMERALDA: Ich sende hier Dunkelheit aus.

RHEA: Ah ja. Esmeralda, was ist passiert, daß du so wütend und verletzt bist?

ESMERALDA: (sehr leise, fast unhörbar) Ich weiß nicht. Ich bin bloß gemein.

RHEA: Du bist gemein?

ESMERALDA: (laut und kurz angebunden) Ja.

RHEA: Mm-hmm. Was machst du Gemeines?

ESMERALDA: Ich sende Dunkelheit aus. Und ich verletze Menschen.

RHEA: Ah ja. Wie ist das für dich?

ESMERALDA: Nichts ist gut.

RHEA: Nichts ist gut?

ESMERALDA: (lauter und schärfer) Nichts ist gut, m-m.
RHEA: Überhaupt nichts?
ESMERALDA: *Nichts.*
RHEA: Ah ja. Es klingt, als ob du ziemlich schlimm enttäuscht worden bist. Es klingt, als ob du ziemlich schlimm verletzt wurdest, hm?
ESMERALDA: Weiß ich nicht. Nichts ist geschehen -- ich bin einfach gemein. Das ist alles.
RHEA (sehr leise): Esmeralda, etwas ist geschehen. Du bist nicht gemein. Ich glaube, du bist traurig, Esmeralda ... Was ist passiert, daß du so verletzt bist? (Esmeraldas Weinen steigert sich zum Geheul.) Was ist passiert, daß du so verletzt wurdest, hmm? Was ist passiert -- was ist passiert, Esmeralda?
ESMERALDA (hört auf zu jammern, die scharfe Stimme kommt wieder): Ich weiß nicht. Ich weiß nicht. (Keuchendes Atmen, gefolgt von Weinen)
RHEA: Was ist geschehen, Esmeralda?
ESMERALDA: (heult) Ich brenne! (Das Wort geht in langes Geheul über.) Oh, sie verbrennen mich! Oh, ich verbrenne! (Schluchzer)
RHEA: Ja. (spricht weiter, nachdem Esmeralda ruhiger geworden ist) Haben sie dich als Hexe verbrannt?
ESMERALDA: Ja. (Keuchen, gefolgt von einem langen Stöhnen)
RHEA: Esmeralda ... es ist Zeit, ins Licht zurückzugehen. Es ist Zeit, zu Gott zurückzukehren und Frieden zu schließen. Es ist Zeit, den Leuten zu verzeihen, die dich verbrannt haben, und deine Weisheit und Macht auf eine Weise zurückzubringen, die besser wirkt. Du kannst das.

Du kannst in einem eigenen Körper zurückkommen, wenn du bereit bist. Du mußt jetzt ins Licht zurückgehen, Esmeralda. Möchtest du uns oder Gwen irgend etwas sagen, bevor du gehst? Laß die Traurigkeit heraus; laß sie einfach zu. Sie haben überhaupt nichts verstanden, nicht? Sie wußten es nicht mal. (Esmeralda weint jetzt leise.) Ja ... laß es raus.

ESMERALDA: Es tut mir leid.

RHEA: Ja. Laß es raus.

ESMERALDA: Es tut mir leid.

RHEA: Ja. ... Gwen, bist du bereit, Esmeralda zu verzeihen? Bist du bereit, sie loszulassen?

GWEN: (flüstert) Ja ... ja.

RHEA: Gut. Esmeralda, bist du bereit? Hmm?

ESMERALDA: (schüchtern, fast unhörbar) Wohin gehe ich?

RHEA: Ins Licht, Esmeralda. Geh ganz bestimmt ins Licht. Gwen, visualisiere auf der linken Seite deines Gesichtsfeldes eine Säule von weißem Licht, die vom Gottesbewußtsein herunterkommt, und schau in deinen Körper hinunter und finde Esmeralda -- schau in den Körper der Kleinen und finde Esmeralda -- zieh sie mit Hilfe deines Atems aus dem Körper herauf und laß sie ins Licht gehen. Esmeralda, wir schicken dich in Liebe und in Frieden heim zu Gott, heim ins Weiße Licht. Nimm all deine Energie mit und verlasse diesen Körper jetzt. (Gwen atmet laut aus.) (Pause) Ist sie weg? Gut. Dann laß mich wieder mit der Kleinen sprechen. Kleines, bist du noch da? Hmm?

KLEINE: (man hört wieder die winzige Stimme) Ja.

RHEA: Ja? Die ist jetzt weg. Die ist aus deinem Körper weg, und jetzt ist es Zeit, daß du aus Gwens Körper herausgehst. Wie ist dein Körper gestorben, dein eigener Körper, hm? Was ist mit ihm passiert?
KLEINE: (weint) Ich will spielen! Nein. (weint) Ich will im Gras spielen. Es ist schön.
RHEA: Mm-hmm. Es ist aber nicht dasselbe, in jemand anderes Körper zu sein, nicht dasselbe wie in deinem eigenen, oder? Es ist nicht dasselbe, hier bei Gwen zu sein, wie wenn du mit deinen eigenen nackten Füßen herumlaufen könntest. Du mußt also zurück ins Licht gehen und dir einen neuen eigenen Körper aussuchen, in dem du geboren werden kannst, wenn du bereit bist. Und dann kannst du in einem anderen Körper zurückkommen, einem neuen, eigenen Körper -- und such' dir einen Körper aus, in dem du viel Spaß haben und im Gras spielen kannst. Das wär' doch schön. Willst du Gwen noch irgend etwas sagen, bevor du gehst?
KLEINE: Ich kenne sie nicht.
RHEA: Was?
KLEINE: (deutlicher) Ich kenne sie nicht.
RHEA: Okay, macht nichts ... Gwen, möchtest du der Kleinen irgend etwas sagen, bevor sie geht?
GWEN: (undeutlich, kaum hörbar) Du brauchst dir keine Sorgen zu machen. Es ist in Ordnung.
RHEA: Gut. So, Gwen, visualisiere auf der linke Seite deines Gesichtsfeldes eine Säule von weißem Licht, die vom Gottesbewußtsein herunterkommt; schau in deinen Körper hinein und finde die Kleine, und nimm deinen Atem zu Hilfe, um sie und all ihre Energie aus deinem

Körper heraufzuziehen, und laß sie ins Licht gehen. Kleines, wir schicken dich in Liebe und in Frieden heim zu Gott, heim ins Weiße Licht. Nimm all deine Energie und verlaß Gwens Körper jetzt. (zu Gwen) Sieh sie ganz ins Licht gehen. (Pause) Schau mal, wie sich dein Körper jetzt fühlt ... Jetzt schau noch einmal in deinen Körper hinunter und sieh nach, ob noch jemand da ist, und wenn ja, dann soll er oder sie heraufkommen und mit mir sprechen. Es ist in Ordnung, und es ist Zeit. Also, wer ist da? Wie heißt du?

STIMME: David.

RHEA: David, wie alt bist du?

DAVID: Fünfundzwanzig.

RHEA: Mm-hmm -- und was machst du hier bei Gwen?

DAVID: Ich bin ein Ritter.

RHEA: Und was tust du hier bei Gwen?

DAVID: Ich weiß nicht. Ich bin in Rüstung.

RHEA: David, was ist mit dir passiert? ... Hmm?

DAVID: Ich -- ich weiß nicht. Ich bin in meiner Rüstung. Ich muß gekämpft haben. (Plötzlich, als sei er getroffen worden) Ah!

RHEA: Was ist passiert?

DAVID: Ich glaube, mein Helm ist ... heruntergestoßen worden.

RHEA: M-hm -- und?

DAVID: Und man hat mir -- man hat -- o Gott!

RHEA: Das ist gut, atme hinein! Genau, atme hinein!

DAVID: O, Gott!

RHEA: Ja, atme mitten hinein. (David wiederholt immer wieder seinen Ausruf.) Atme hinein.

DAVID: O Gott! -- Er schlägt mir den Kopf ab!
RHEA: Genau.
DAVID: Oh Gott! O Gott, ich blute! (schreit vor Qual) Auu! Oh, Gott, das darf doch nicht wahr sein! (Davids Schreie hören langsam auf) Oh, Gott! -- er fällt herunter! Mein Kopf fällt herunter! (Er fängt wieder an zu schreien.)
RHEA: David, was hast du beschlossen. Was hast du beschlossen; was ist da, das mit „ich werde nie" anfängt?
DAVID: (schreit laut vor Schmerz) Das können sie doch nicht mit mir machen! Das können sie doch nicht machen! (Sehr leise) Das können sie doch nicht machen. Sie können ... (weitere Schmerzensschreie) Oh, ich will meinen Kopf nicht verlieren! Oh!
RHEA: Atme einfach weiter hinein. Ja ... ja. David, dieser Körper gehört Gwen, und sie muß die einzige darin sein. Es ist Zeit, daß du ins Licht zurückgehst.
DAVID: (weint) Ja.
RHEA: Möchtest du Gwen irgend etwas sagen, bevor du gehst?
DAVID: Oh! Ich bin zu -- ich kann nicht raus.
RHEA: Du wirst es können. Möchtest du Gwen irgend etwas sagen?
DAVID: Oh, es tut mir leid. Oh.
RHEA: Nimm die Nackenschmerzen mit, wenn du gehst, ja? Nimm sie einfach mit.
DAVID: Ja, und meine Rüstung. Oh, es tut mir leid, daß ich das mit dir gemacht habe. Es tut mir leid -- es tut mir leid.
RHEA: Ist schon gut. Gwen, möchtest du irgend etwas zu

ihm sagen, bevor er geht?
GWEN: Oh, geh! (Lacht/ schreit energisch) Bitte geh! Raus hier!
RHEA: Gut. Kannst du ihm verzeihen?
GWEN: Ja, wenn er nur geht. (Lacht/ schreit noch immer)
RHEA: Gut. Bist du bereit? ... Bist du bereit?
GWEN: Ja.
RHEA: Gut. David, fang an, nach dem Licht und nach den Engeln zu schauen -- die Engel werden dir helfen. Und Gwen, sieh du auf der linken Seite deines Gesichtsfeldes eine Säule von weißem Licht, die vom Gottesbewußtsein herunterkommt. Nimm deinen Atem zu Hilfe, und schau in deinen Körper hinunter und finde David und seine ganze Rüstung und ziehe ihn und all seine Energie aus deinem Körper herauf und laß ihn ins Licht gehen. David, wir senden dich in Liebe und in Frieden heim zu Gott, heim ins Weiße Licht. Nimm all deine Energie mit und verlasse Gwens Körper jetzt. (zu Gwen) Laß sie los ... laß sie los. (Pause) Gut. Wie fühlt sich dein Körper jetzt?
GWEN: Ah, sehr offen.
RHEA: Sehr schön. Jetzt schau noch einmal in deinen Körper hinunter und schau einfach nach, ob noch irgend jemand in dir ist, und wenn ja, dann soll er oder sie kommen und mit mir sprechen. Wer oder was ist da?
STIMME: Ha! Vor langer Zeit -- vor langer, langer Zeit. (kichert)
RHEA: Wie heißt du?
STIMME: (undeutlich)

RHEA: Was ist mit dir geschehen?
STIMME: Ich stand -- weißgekleidet. Auf den Stufen des Tempels.
RHEA: Was machst du?
STIMME: Sie -- sie kommen zu mir -- um geheilt zu werden.
RHEA: Mm-hmm. Was machst du hier in Gwens Körper?
STIMME: Ich leuchte. (Pause)
RHEA: Danke dafür. Das ist bestimmt sehr hilfreich. Und Gwen muß jetzt die einzige in ihrem Körper sein. Es ist Zeit, daß du zum Licht zurückkehrst. Wenn du bereit bist, einen anderen Körper zu wählen, in dem du geboren werden kannst, dann komm zurück und bring deine Heilfähigkeit und dein Licht in deinem eigenen Körper zurück. Es wird jetzt auf dem Planeten sehr gebraucht. Es wird sehr nützlich sein.
STIMME: Ja.
RHEA: Möchtest du Gwen irgend etwas sagen, bevor du gehst?
STIMME: Leuchte. Gwen wird leuchten. Das ist hier kein Platz für mich. Das ist kein Platz fur mich.
RHEA: Sieh wieder auf der linken Seite deines Gesichtsfeldes eine Säule von weißem Licht, die vom Gottesbewußtsein herunterkommt, und schau -- ist sie da?
GWEN: Mm-hmm.
RHEA: (Sehr leise) Wir schicken dich in Liebe und Frieden heim zu Gott, heim ins Licht. (Pause) Jetzt halte einfach das Licht und dann -- alle anderen -- alle andere Energie, alle Energie, die nicht Gwen ist, es ist Zeit. Wir

schicken euch in Liebe und Frieden heim zu Gott, heim ins Weiße Licht. Nehmt alle eure Energie und verlaßt Gwens Körper jetzt. (Pause) Laß sie los. (Pause) Sehr gut. Gwen, das ist dein Körper. Willkommen. Schau jetzt in deinen Körper hinein und finde dich selbst. Spüre deine eigene leuchtende Essenz, dein eigenes Wesen, und spüre sie als ein strahlendes goldenes Licht und laß dieses Licht mit jedem Atemzug weiter werden und fülle all den Raum, den die Wesenheiten freigemacht haben, mit deiner eigenen leuchtenden Energie. Wisse, daß du vollständig und ausreichend bist und daß dir als Mensch alle Eigenschaften zur Verfügung stehen, die Menschen haben können. (Pause) Sehr gut. (Pause) Ich zähle gleich bis drei.

(Nachdem Gwen ihre Augen geöffnet und sich aufgesetzt hatte, führten wir folgendes Gespräch:)

Du hast gerade eine Operation hinter dir. (Gwen reagiert erstaunt.) Deshalb sollst du für die nächsten paar Tage nett zu dir sein -- die nächsten drei bis fünf Tage. Es können Gefühle aus dem Nichts heraufkommen; versuch' nicht, sie zu erklären, versuch' nicht, Gründe dafür zu finden. Sei einfach dabei. Es muß nicht sein, daß du so eine Reaktion hast — wenn keine kommt, ist das auch in Ordnung — aber es ist möglich. Es kann sein, daß du eine Zeitlang ein Gefühl von Verlust empfindest oder dich neu orientieren mußt. Es ist das erste Mal, daß du selbst deinen Körper beherrschst — wirklich. Es ist vielleicht sogar das erste Mal in mehr als einem Leben, daß du selbst über deinen Körper bestimmst, deshalb kann es am

Anfang ein bißchen verwirrend sein. Vielleicht bist du ein bißchen traurig; laß es einfach zu. Du kannst mich anrufen, wenn du mit jemandem sprechen mußt.

Wenn du einen Zylinder voll Energie hast und von oben noch mehr Energie hineindrückst, und noch mehr und noch mehr, dann kannst du dir vorstellen, daß die Energie unten zusammengedrückt wird. Und wenn man dann die anderen Energien herausnimmt, dann kommt die ursprüngliche Energie herauf. Deshalb können da einfach Gefühle und Erfahrungen mit heraufkommen.

Das andere ist, daß du jetzt auf dein Verhalten achten und sie wirklich ihre Sachen mitnehmen lassen sollst. Du ertappst dich vielleicht dabei, daß du etwas einfach aus Gewohnheit machst oder auch nicht machst. Wenn du an einem solchen Punkt bist und merkst, daß du etwas eigentlich nicht tun willst, dann hör' auf — oder wenn du merkst, daß du dich gewohnheitsmäßig zurückhältst oder etwas nicht tust, was du eigentlich wirklich tun möchtest, dann schau dir an, was für dich stimmt. Entscheide selber. Behalte nicht ihre Verhaltensmuster bei, nur weil sie dir vertraut sind, weil du aus ihrem Zeug heraus gelebt hast. Wirklich ...

* * *

Da wir alle letztlich für unsere eigene Realität verantwortlich sind, ist eine verlorene Seele immer aufgrund einer Einladung da, die der Wirt auf irgendeine Weise ausgesprochen hat. Wie schon gesagt, geschieht der Eintritt meist, wenn der Wirt bewußtlos ist. Drogen und

Alkohol werfen uns schutzlos in die astralen Bereiche. Diejenigen von uns, die nachts außerhalb des Körpers in jenen Bereichen arbeiten, sind bewußt und geschützt, auch wenn sie sich am Morgen nicht bewußt an die Einzelheiten erinnern können.

Manchmal kommt eine Wesenheit herein, wenn sich der Wirt in einem traumatischen Zustand befindet, und kann anfänglich gut für ihn sein. Das Problem ist, daß die Wesenheit dann bleiben muß. Hier ist ein solches Beispiel. Es ist das Ende einer Sitzung mit Katie, in der wir eine Wesenheit namens Mary befreiten.

KATIE (Ausschnitt)

Manhattan, 27. März 1985

RHEA: ... möchtest du Katie irgend etwas sagen, bevor du gehst?
MARY: Wie bin ich hierhergekommen? Wie -- ich weiß nicht -- wie bin ich hierhergekommen?
RHEA: Ich weiß nicht. Kannst du dich erinnern?
MARY: (nach einer Pause) Ich weiß nicht. Sie hatte einen Unfall ... sie hatte einen Unfall. Oh, sie fiel vom Fahrrad ... sie konnte nicht atmen. Sie war acht Jahre alt. Sie konnte nicht atmen und nichts.
RHEA: Mm-hmm. Was geschah also?
MARY: Sie wäre gestorben. Aber sie ist nicht gestorben. Ich glaube, da bin ich hierhergekommen. Weil sie nicht atmen konnte -- sie lag auf dem Boden -- auf der Straße --

und konnte nicht atmen. Ja, da muß ich hereingekommen sein. Sie konnte nicht atmen.
RHEA: Was hast du also gemacht?
MARY: Ich hab' sie zum Atmen gebracht. Sie drückte auf ihren Bauch, damit er zu atmen anfangen sollte, und es ging nicht. Deshalb hab' ich ihr geholfen; ich machte, daß ihr Bauch sich bewegte.
RHEA: Vielen Dank, daß du das getan hast.
MARY: Oh, gern geschehen, aber ich wüßte gerne, wie ich hierhergekommen bin. Ich kann nichts sehen. Vielleicht bin ich blind -- ich kann nichts sehen.
RHEA: Du wirst das Licht sehen können. Möchtest du irgend etwas zu Katie sagen, bevor du gehst?
MARY: Mm ... ich möchte ihr danken. Ich hab' ihr viel geholfen. Sie brauchte viel Hilfe, als es ihr so schlecht ging ... Sie hat eine Menge zu tun ... sie hat eine Menge zu tun. Ich habe ihr viel geholfen -- damals, als sie nicht atmen konnte ...
RHEA: Mm-hmm. Mary, es ist Zeit, daß sie ihre eigene Kraft entdeckt; sie ist jetzt bereit dazu. Bist du also bereit, weiterzugehen? ...

* * *

Kapitel 12

CLEARING VON RÄUMLICHKEITEN

Eine Räumlichkeit von verlorenen Seelen zu befreien ist ganz ähnlich wie ein Clearing mit einem Menschen. Der Hauptunterschied ist der, daß man dabei kein verbales Feedback von außen bekommt, sondern sich auf die eigene Intuition verlassen und telepathisch mit den verlorenen Seelen — oder Geistern — kommunizieren muß. Es braucht Übung, um genügend Vertrauen in die eigene Fähigkeit, sich „einzustimmen“ und telepathische Mitteilungen zu empfangen, zu entwickeln. Die Leute erwarten manchmal, daß eine telepathische Botschaft mit der dröhnenden Stimme von James Earl Jones vom Himmel herunter schallt. In Wirklichkeit klingt eine telepathische Botschaft, genauso wie die Stimme Gottes, ganz ähnlich wie die eigenen Gedanken. Der Unterschied ist nur, daß man seine Gedanken selbst erschafft, während man eine telepathische Botschaft empfängt.

Eine telepathische Botschaft oder die Antwort, die man auf eine telepathisch gestellte Frage erhält, ist oft nicht das, was man erwartet. Das menschliche Denken, so wie es nun einmal ist (ich erinnere mich, daß Werner Erhard sagte: „Aufgabe des Denkens ist es, die Erfahrung zu verleugnen“), wird entweder eine erwartete oder eine unerwartete Antwort benutzen, um das innere Erleben zu verleugnen. Es ist deshalb am besten, wenn du deine Gedanken über deine ersten Versuche mit telepathischer

Kommunikation nicht allzu ernst nimmst. Traue dem, was kommt, dann wirst du deine telepathischen Fähigkeiten entwickeln und viele Anwendungsmöglichkeiten dafür finden.

Meine erste Erfahrung mit „Ent-Geistern" fand vor ein paar Jahren in Manhattan statt. Eines Freitag abends bekam ich einen verzweifelten Anruf von einem Freund, der Regisseur ist. Er führte Regie bei einem Stück am St... Theater über ... und ... . Es stand in der Vorschau, und Frank Rich, der Theaterkritiker der New York Times, wollte zur morgigen Matinee kommen. Davids Stimme verriet Erschöpfung und Frustration, als er begann, die Zwischenfälle aufzuzählen, die sich seit Probenbeginn ereignet hatten: Requisiten verschwanden, Lampen fielen von den Wänden, aus unerklärlichen Gründen fielen drei der drahtlosen Mikrophone gleichzeitig aus, usw.: „Ich habe mit dem Stück gemacht, was ich konnte, aber für dieses Zeug bist du zuständig, nicht ich. Kannst du rüberkommen?"

David ist ein Freund von mir, und ich sagte ja, ohne zu überlegen, daß ich so etwas noch nie gemacht hatte. Ich ging um 13.00 Uhr am nächsten Tag hinüber. Das Theater liegt buchstäblich im Keller der Kirche. Zwei Blocks vom Theater entfernt bekam ich Kopfschmerzen. Als ich durch die Tür trat, wurde mir auch noch übel. Die Truppe war auf der Bühne und probte für die Matinee. Ich schlüpfte hinein und setzte mich im Hintergrund des Zuschauerraumes hin. Ich begann, mich einzustimmen. „Entschuldigen Sie, aber wenn Sie eine Karte für die Matinee wollen — die Kasse ist ab zwei Uhr geöffnet."

Der Spielleiter stellte sich vor und tat seine Pflicht. Ich sagte ihm, wer ich war und daß ich eine Freundin von David sei. Etwas besänftigt ging er hinter die Bühne, und bald darauf kam David den Gang entlang. Er erzählte mir noch etwas mehr von dem, was geschehen war. In dem Mietshaus, in dem einer der vier Hauptdarsteller wohnte, war Feuer ausgebrochen, bei einem anderen war der Bruder gestorben. „Ich verstehe das nicht -- ich wache munter auf, voller Energie und fühl' mich phantastisch. Dann komme ich her und bin leer und erschöpft, bevor wir überhaupt angefangen haben", schloß David seinen Bericht. Ich hörte den Hammer in meinem Kopf und konnte es ihm nachfühlen.

David ging zu der Truppe, und ich begann wieder, mich einzustimmen. Ich schloß die Augen, sandte mein Bewußtsein in den Raum hinaus und erspürte, was da geschah. Ich wußte, daß ich noch nie in diesem Leben mit so etwas konfrontiert gewesen war. Ich wußte auch, daß ich genau wußte, was zu tun war. Tief in mir erwachte irgendein altes Wissen. Ich wußte, daß ich das schon einmal irgendwo gemacht hatte.

Die Energie in dem Zuschauerraum glich einer Raserei. Hunderte von verlorenen Seelen flogen umher. Es war ein spöttisches „Fang-mich-wenn-du-kannst"-Gefühl da, verborgen unter äußerster Verzweiflung. Ich rief eine dieser rasenden Energien an, damit sie mir als Sprecher für die anderen sagen sollte, weshalb sie da waren. Es erinnerte mich an Gullum aus Tolkiens Trilogie, als die Energie telepathisch antwortete: „Unter der Kirche sind wir -- unter dem Altar. Böse sind wir, zur Hölle verdammt, haben sie gesagt. Dies muß die Hölle sein, es ist unter dem Kreuz." Ich begriff das Bild. Ich funkte in Gedanken zurück: „Ihr denkt also, ihr seid schlecht und solltet in die Hölle kommen und deshalb seid ihr hier?" — „Das war alles, was wir finden konnten." Ich unterdrückte ein gedankliches Schmunzeln über die Macht religiöser Erziehung. „Und warum ärgert ihr diese Leute?" fragte ich. „Böse sind wir, sagen sie, deshalb sind wir böse." Ich seufzte. Da war einiges zu tun.

Ich rief eine Säule von weißem Licht in die Mitte des Zuschauerraumes und konzentrierte mich darauf, bis ich sie klar sehen konnte. Ich rief telepathisch nach den Elohim und bat sie, diese Geister ins Licht zu führen. Dann wandte ich mich an alle die Energien gleichzeitig und begann zu erklären: „Die Hölle ist eine Idee, kein Ort. Ihr seid nicht wirklich böse. Ihr seid Kinder des Lichts, Ausdrucksformen Gottes. Ihr habt vielleicht Dinge getan, die man als schlecht bezeichnen kann, aber ihr seid nicht schlecht. Wenn ihr wieder im Licht seid, könnt ihr diese Handlungen anschauen und sehen, warum ihr so gehandelt habt. Ihr könnt sehen, was ihr lernen wolltet. Es ist Zeit, daß ihr euch verzeiht. Gott verzeiht euch. Eure Körper sind tot. Ihr müßt zum Licht zurückgehen. Ihr müßt weitergehen. Dies hier ist nicht die Hölle. Es ist ein Theater im Keller einer Kirche. Ihr gehört nicht hierher. Ihr gehört ins Licht. Es ist jetzt Zeit, heimzugehen."

Die Säule von weißem Licht vor meinem geistigen Auge haltend, ermutigte ich die gequälten Geister, sie als Tür nach Hause zu benutzen. Ich visualisierte die Engel der Elohim, die sie zum Licht führten. In meinem inneren Erleben sah ich Hunderte von Geistern in der Säule von weißem Licht verschwinden. Manche gingen freudig, andere schüchtern, andere mußten ermahnt werden — aber sie gingen. Die Energie in dem Zuschauerraum veränderte sich. In dem Maße, wie mehr und mehr der verlorenen Seelen im Licht verschwanden, breitete sich Frieden in dem Raum aus. Die Veränderung war fühlbar. Meine Kopfschmerzen begannen sich aufzulösen. Schließlich schickte ich mein Bewußtsein in die Ecken, unter die Bühne und in die Umkleideräume, um die besonders schüchternen oder boshaften Nachzügler aufzuspüren. Ich wußte instinktiv, als alle gegangen waren. Ich visualisierte ein weißes Licht, das das Theater erfüllte, und öffnete die Augen. Ich blickte in die Augen des Spielleiters, der mich ehrfürchtig anstarrte. „David hat uns gesagt, weshalb Sie hier sind. Ich wollte Ihnen nur danken."

Die Kritiken waren nicht gut und das Stück lief nur ein paar Wochen, aber in diesen Wochen geschah kein weiterer Zwischenfall. Als ich nach Absetzung des Stückes mit David sprach, berichtete er: „Bevor du kamst, passierten jeden Tag vier oder fünf Sachen. Seit du da warst, ist nichts Ungewöhnliches mehr passiert, und uns geht es allen viel besser."

Ich weiß nicht, woher ich wußte, was zu tun war. Ich weiß, daß ich bereit war, dem zu trauen, was ich erlebte. Ich weiß auch, daß ich geführt wurde und daß es gewirkt hat.

Seit diesem Tag in St... habe ich viele Räume von verlorenen Seelen befreit. Es scheint sich auf den astralen

Ebenen herumgesprochen zu haben, daß wir Wesen helfen können, ins Licht zurückzukehren, denn es tauchen oft viele verlorene Seelen auf, wenn wir zu einem Seminar oder Kurs zusammenkommen — besonders in Europa.

Letztes Jahr leitete ich am Abend von Allerseelen eine Gruppe in Wiesbaden in Westdeutschland. In der Gruppe waren mehrere Amerikaner, und wir hatten einfach zum Spaß beschlossen, ein Kostümfest zu machen unter dem Motto „Komm-wie-du-warst" (in einem vergangenen Leben). Steve, ein schöner schwarzer Amerikaner, kam als Mohr verkleidet. Stephanie, die mit anderen zusammen ein Denkmal für die in ihrer Heimatstadt Gelnhausen gemarterten Hexen errichtet hatte, kam als weiße Hexe. Die in Florida aufgewachsene Betty-Jo kam als Feenprinzessin. Mary-Jo, die lebhafte Erinnerungen an ihr letztes Leben in den Lagern von Auschwitz hatte, kam in arabischem Gewand. Es waren noch andere da, insgesamt zweiundzwanzig. Wir trafen uns in dem heiteren Shiatsu-Center, in dem wir schon fruher zusammengekommen waren.

Als wir anfingen, verdichtete sich die Energie im Raum. In kurzer Zeit konnten wir kaum noch atmen. Wir machten ein Fenster auf. Dann fiel mir ein, was für ein Abend das war, und mir war klar, was da los war. Ich bat die Gruppe, einen Kreis zu bilden. Wir hielten uns an den Händen und visualisierten eine Säule von weißem Licht in der Mitte unseres Kreises und luden die verlorenen Seelen, die sich versammelt hatten, ein, in das Licht zu gehen. Als wir uns auf sie einstimmten, sahen wir, daß wir unversehens zum Sprecher für verschiedene Gruppen von astralen Energien geworden waren. Steve hatte Überreste der in den Kreuzzügen „im Namen Gottes" getöteten Mohren angezogen und andere, die in Religionskriegen umgekommen waren. Stephanie repräsentierte die, die im Namen der Religion gemartert worden waren. Diese begabten Heilerinnen, deren Mitgefühl für das Leiden anderer dazu führte, daß sie als Hexen gebrandmarkt wurden, fühlten sich von einem Gott verraten, der ihre mitfühlenden Handlungen mit dem Tod belohnte.

Viele vom „Kleinen Volk" kamen, vermutlich von Betty-Jos Feenaufmachung angezogen. Auch sie hatten sich vom Gott der christlichen Religionen verraten gefühlt, der sie in Mißkredit gebracht hatte, und zögerten, zu diesem Gott zurückzukehren. Mary-Jos Mitgefühl für die (sogenannten) Opfer der Konzentrationslager rief viele verlorene Seelen herbei, die in den Lagern gestorben waren. Auch sie hatten sich von ihrem Gott verlassen gefühlt und sich der Rückkehr ins Licht widersetzt.

Wir hielten uns in unserem Kreis an den Händen und stimmten uns alle auf die verlorenen Seelen ein, die zu unserem „Komm-wie-du-warst"-Fest gekommen waren. Wir visualisierten eine Säule von weißem Licht in der Mitte unseres Kreises und ermutigten sie, ins Licht und heimzugehen. Ein paar gingen begierig. Der Rest hielt sich zurück, dem Gott grollend, den ihre Religionen ihnen gezeichnet hatten. Sie mußten daran erinnert werden, daß sie, als Teil der Schöpferischen Energie des Universums, ihr Schicksal selbst gewählt hatten. Wir baten sie, in ihr eigenes höheres Bewußtsein zu schauen und zu sehen, warum sie sich die Erfahrung, zum Opfer religiöser Intoleranz und Verfolgung zu werden, geschaffen hatten. Warum hatten sie, als Wesen, die auf ihrer Reise zurück zur Erkenntnis der Wahrheit ihrer Identität ein Leben nach dem anderen durchlaufen, sich selbst (und nicht irgendein willkürlicher Gott) diese Erfahrung geschaffen? Der Hinweis genügte, um die meisten aus ihrer wütenden Opferhaltung herauszubringen und freudig in das Licht gehen zu lassen, das wir in der Mitte unseres Kreises hielten. Die Nachzügler brauchten ein wenig mehr Ermunterung, aber in etwa zwanzig Minuten waren alle gegangen. Die Energie im Raum war zusehends leichter geworden. Schließlich konnten wir aufatmen und setzten unseren Workshop fort.

Chris *Chriscom,* die begabte und engagierte Geistheilerin und Autorin des Buches *Zeit ist eine Illusion,* sagte kürzlich, daß die Befreiung verlorener Seelen die wichtigste Arbeit sei, die wir als Heiler für den Planeten tun können. „Der Astralkörper der Erde ist so von diesen astralen Energien verstopft, daß der Planet nicht atmen kann — die Erde ist am Ersticken."

Ich schrieb an diesem Kapitel während meiner Indienreise mit Prana. Wir verbrachten eine Woche in Dharmsala bei einem Freund, der der Regierung des exilierten Dalai Lama angehört, und wir lernten viel über den tibetischen Buddhismus. Ich hatte ihre Erklärung über den Zustand zwischen den Inkarnationen gelesen und begann mich zu fragen, ob die Anzahl der verlorenen Seelen, die sich mit östlichen Religionen identifizieren, wohl eine andere sei als die der westlichen Religionen. Die heitere Gelassenheit und Aura von spiritueller Lebendigkeit, die die älteren Tibeter ausstrahlten, wenn sie durch das Dorf gingen und mit ihren Gebetsperlen ihre Mantras wiederholten, hatte uns tief beeindruckt. Es war deutlich, daß ihre Religion eine persönliche Erfahrung war und keine vorgefertigten Glaubenssätze, die der Intellekt akzeptierte, ohne daß wirklich die Einheit mit dem Göttlichen erfahren wurde — wie es meiner Erfahrung nach für so viele Anhänger sogenannter westlicher Religionen typisch ist. Als ich über die verlorenen Seelen bei unserem Allerseelenfest schrieb, war mir aufgefallen, wie die Gedanken dieser Wesen, die sie über die Religion hatten, sie vom Licht ferngehalten hatten, anstatt ihnen zu helfen, die übersinnlichen Energien, die beim Tode zur Verfügung stehen, dazu zu benutzen, mit einer höheren Bewußtseinsebene zu verschmelzen, wie es im *Tibetanischen Totenbuch* beschrieben wird. Die tibetischen Lamas praktizieren dies seit Jahrhunderten, um sich eine bewußtere Wiedergeburt zu sichern oder um das Rad von Tod und Wiedergeburt ganz zu überwinden.

Prana hatte darüber diskutiert, was Gurdjieff über die Macht der übersinnlichen Energie sagte, die frei wird, wenn das Bewußtsein beim Tode den Körper verläßt, und wie es oft, wenn die Erde ins Ungleichgewicht gekommen ist, viele Tote durch Seuchen oder Naturkatastrophen gibt, so daß genügend übersinnliche Energie frei wird, die das Ungleichgewicht wieder behebt. Wir fragten uns natürlich, ob Aids möglicherweise eine solche Funktion hat.

Ich erkannte, wie wichtig die Gedanken sind, die man im Sterben denkt, und erinnerte mich an eine Lieblingsgeschichte von mir, die von dem indischen Heiligen Ramakrishna berichtet wird. Man sagt, daß er eines Morgens um vier Uhr erwachte und seine Bediensteten aufforderte, ihm Chapaties und Dahl zu bringen. Sie gingen murrend in die Küche, bereiteten eine Mahlzeit aus diesen Grundnahrungsmitteln der indischen Küche und brachten sie ihrem Meister, der schnell aß und wieder schlafen ging. Am nächsten Tag sagte er nichts über seine beharrliche nächtliche Forderung, und die schläfrigen Diener schrieben es irgendeiner plötzlichen Verrücktheit zu. Zwei Wochen später kam aus einem entfernten Ashram Ramakrishnas ein Bote mit der traurigen Nachricht, daß sein Lieblingsschüler vor zwei Wochen mitten in der Nacht gestorben war. Als die Diener ihrem Meister die Nachricht überbrachten, sagte er: „Ja, natürlich, warum meint ihr denn, daß ich mitten in der Nacht Chapaties und Dahl essen wollte? Er dachte beim Sterben an Essen. Ich habe sein Verlangen übernommen, damit er nicht bloß, um zum Essen zurückzukommen, eine Inkarnation vergeuden muß."

Offensichtlich wirken sich die Gedanken, die man beim Tode hegt, nicht nur auf die Wiedergeburt aus, sondern — siehe unsere Gruppe an Allerseelen — auch auf die Entscheidung, überhaupt ins Licht zu gehen oder, wie die Buddhisten sagen, „in der Geisterwelt geboren zu werden" — das heißt, eine verlorene Seele zu werden. Es sah so aus, als ob manchmal die westlichen religiösen Konzepte dem übertretenden Wesen tatsächlich bei seiner

Reise zu Gott im Wege standen.

Nachdenklich ging ich in unserem Hotelzimmer in Neu Dehli in Trance und rief Andon, das Wesen, das die Informationen über verlorene Seelen in diesem Buch durchgegeben hat. Hier ist seine Antwort auf meine Anfrage:

„Es ist richtig, daß der Vorgang, spirituelle Erfahrung in religiöse Konzepte zu fassen, dazu geführt hat, daß sich die Menschen eher mit diesen Konzepten identifiziert haben, als das Einssein mit ihrer eigenen göttlichen Energie zu erfahren. Das wieder hat dazu geführt, daß der Brennpunkt der kreativen Energie bei ihrem Tode auf diesen Konzepten lag, anstatt auf dem Streben, Einheit mit Gott zu erlangen; auf diese Weise haben diese Konzepte eine Schranke für ihre Rückkehr zum Licht gebildet. Mit ihrem Festhalten an diesen Konzepten halten sie an der Welt der Schöpfung und der Form fest, nicht an der Einheit."

Was also sicherlich nötig ist, damit Wesen natürlich ins Licht gehen können und nicht zu einer weiteren verlorenen Seele im verstopften Astralkörper des Wesens, das der Planet Erde ist, werden, ist eine Wendung von einer Religion der Konzepte zu einer erlebten Spiritualität und Einheit mit der göttlichen Energie. Solange wir, als westliche Gesellschaft, unsere eigene Spiritualitat nicht als persönliche Erfahrung anstelle von ererbter Doktrin in Anspruch nehmen, wird es immer verlorene Seelen geben, denen man ins Licht verhelfen muß. Du hast jetzt alle Informationen und Techniken, die du brauchst, um Clearings mit Menschen und Orten durchzuführen. Füge dein eigenes Mitgefühl und Vertrauen hinzu, dann kannst du verlorene Seelen erlösen und das Licht der Welt stärken.

Ich könnte noch hinzufügen, daß du, der du dieses Buch gelesen hast, vermutlich dazu aufgerufen wirst, das zu tun.

Nachwort

Guidance

Ihr, die ihr euch in physischer Form befindet, vergeßt, daß eure Form nur ein winziger Teil der Totalität dessen ist, was ihr seid. Auch die sogenannten verlorenen Seelen haben vergessen, daß die physische Form nur ein Bruchteil dessen ist, was sie sind. Sie haben sich so mit diesem Bruchteil, mit ihrer physischen Form identifiziert, daß sie nicht wissen, daß sie mehr sind als die Inkarnation, mehr als die Persönlichkeit, die mit ihrer letzten physischen Form gestorben ist. Sie sind noch immer mit der Erfahrung ihres letzten Lebens verbunden. Sie halten sich für die Persönlichkeit, die Geschichte ihrer letzten Inkarnation. Auf diese Weise sitzen sie in einer Art Vorhölle fest. Sie befinden sich jenseits der Form, aber sie identifizieren sich noch nicht als der Geist oder das Wesen, das die Form manifestiert hat. Auf diese Weise sind sie weder Mensch noch Geist. Sie müssen sich aus der Verhaftung an die Inkarnation lösen, die sie als letztes aufgeführt haben, um ins Licht zurückgehen zu können. Da sie es nicht gewohnt sind, mit jenen von uns zu kommunizieren, die sich jenseits der Form befinden, können sie uns nicht wahrnehmen, und wir können sie deshalb nur unter großen Schwierigkeiten leiten. Wir können ihnen gegenüber eine Form manifestieren, aber das wird kompliziert. Sie können leichter mit einem Menschen in Beziehung treten. Euch können sie wahrnehmen. Ihr habt eine Form und seid deshalb real für sie. Da wir keine Form haben, sind wir unwirklich für sie. Diese Energien, die an der Form festhalten und den Astralkörper des Planeten Erde verstopfen, haben keine Bewußtseinsebene erreicht, wo sie akzeptieren, daß sie mehr sind als ihre Form. Es ist daher sehr bedrohlich für sie, die Form vollständig zu verlassen und wieder mit dem Ozean des Bewußtseins zu verschmelzen, in dem Form, Persönlichkeit und individuelle Geschichte sich auflösen. Es ist Zeit, daß der Astralkörper der Erde gereinigt wird. Dies ist meistens eine undankbare Arbeit. Du mußt wissen, daß sie außerordentlich wichtig ist. Eure Erde ist am Ersticken. Sie muß befreit werden. Du kannst uns helfen, die Energiefelder, die astralen Bereiche um euren leidenden Planeten herum, zu reinigen.

* * *

Du, der du dieses Buch liest, hast schon begonnen, den Gedanken zu fassen, daß du nicht dein physischer Körper bist. Du hast mit der Auflösung der Bindung begonnen. Du hast angefangen, zu erkennen, daß du vielleicht noch andere Erfahrungen in menschlicher Form gemacht hast als die, der du dir gegenwärtig bewußt bist. Du hast begonnen, dich mit dem Gedanken zu beschäftigen oder zu erfahren, daß du schon einmal gelebt hast. Du hast vielleicht auch angefangen, zu erkennen, daß nicht alle Aspekte deines Seins deinem bewußten Denken zugänglich sind. Du hast dir vielleicht schon einmal gedacht, daß dein menschlicher Körper und dein bewußtes Denken nur ein Bruchteil der Totalität deines Seins sind. Das ist weise. Du beginnst mit dem Prozeß, den die Buddhisten „Nicht-Verhaftetsein" nennen. Du beginnst zu erwachen.

Wir erinnern dich noch einmal daran, daß die astralen Energien, die wir als verlorene Seelen bezeichnen, noch nicht begonnen haben, aufzuwachen. Sie sind noch ganz mit der Geschichte ihrer letzten Inkarnation verbunden. Sie müssen sich aus diesem Verhaftetsein lösen, wenn sie anfangen wollen, die Totalität ihres Seins zu erkennen. Deshalb ist es nützlich, wenn andere menschliche Wesen telepathisch mit ihnen in Kontakt treten und ihnen bei ihrer Reise zurück ins Licht helfen. Dieses Buch hat dich aus einem bestimmten Grunde angezogen. Bald wirst du aufgefordert sein, das, was du hier beim Lesen dieser Seiten gelernt hast, anzuwenden.

Zögere nicht, diese Informationen zu gegebener Zeit zu gebrauchen. Du wirst erkennen, wann es soweit ist. Wenn du stark im Zweifel bist, dann benutze diese Informationen nicht. Wenn du jedoch das Gefühl hast, daß es angemessen ist, dann kannst du dich vielleicht deinem Freund oder deinem Klienten zuwenden und ihn oder sie fragen, ob sie an einem Experiment teilnehmen möchten. Sage ihnen – du hast etwas über den Prozeß, gefangene Energie aus dem Körper eines Menschen zu befreien, gelernt. Sage ihm oder ihr, daß du den Eindruck hast, daß sie irgendeine Energie mit sich herumtragen, die sie loslassen könnten. Frage sie, ob sie je das Gefühl hatten, daß jemand anderes mit in ihrem Körper gefangen sei. Wenn sie das bejahen und bereit sind, mit dir zu experimentieren, kannst du die folgende Technik anwenden.

Diese Technik wird von der Autorin dieses Buches benutzt und gelehrt. Sie findet sie sehr nützlich, und wir vervollständigen sie hier mit einigen Änderungen, die uns gut erscheinen. Bitte deinen Freund oder Klienten, sich an einem behaglichen, warmen, abgeschlossenen Ort niederzulegen. Sorge dafür, daß es keine Unterbrechungen geben kann, etwa durch das Telefon oder jemanden, der hereinkommt. Du brauchst etwa eine Stunde für diesen Prozeß. Wenn dein Klient sich hingelegt hat, bitte ihn, den Atem zu Hilfe zu nehmen, um seinen physischen Körper zu entspannen. Atme mit ihm mit und erlaube deinem eigenen Körper ebenfalls, sich zu entspannen. Wenn du deinen Körper entspannst, wirst du deine eigene Entspanntheit im Körper des Klienten gespiegelt sehen. Bitte ihn, seine Füße vor sich zu sehen und sich vorzustellen, daß ein entspannendes weißes Licht durch die Zehen hereinfließt. Laß ihn spüren, wie das flüssige weiße Licht sanft durch die Knöchel hinauffließt, durch die Waden, durch die Knie und in die Oberschenkel. Wenn die Beine von dem entspannenden flüssigen weißen Licht voll sind, bittest du ihn, das Licht durch die Hüften und in den Rumpf fließen zu lassen. Laß ihn die Wellen der Entspannung spüren, die mit dem Licht den Rumpf hinauf und durch das Zwerchfell in die Brust fließen. Erinnere ihn daran, daß das Herz in stetigem Rhythmus weiterschlagen wird. Laß ihn spüren, wie das Licht die Schultern hinauf und durch die Oberarme hinunterfließt. Er kann sich mit Hilfe des Bildes des weißen Lichts die Erfahrung schaffen, wie Entspannung die ganzen Arme hinunter und in die Fingerspitzen fließt. Laß ihn spüren, wie das Licht in den Hals hinaufwandert und in den Kopf hineinfließt.

Wenn seine physische Form von weißem Licht und von Wellen der Behaglichkeit und Entspannung erfüllt ist, laß ihn atmen und sein bewußtes Denken mit den tiefen Atemzügen des Körpers leer werden. Dann bitte ihn, in seine physi-

sche Form hinunterzuschauen, um zu sehen, ob noch jemand anderes in seinem Körper ist. Bitte darum, daß jegliche andere Energie heraufkommen, die Stimme deines Klienten benutzen und mit dir sprechen soll. Mach' dies so wenig bedrohlich wie möglich. Wundere dich nicht, wenn zunächst keine Antwort kommt. Dein Klient meint vielleicht, daß er sich das einbildet, was er erlebt. Es ist in Ordnung, wenn er sich anfangs so fühlt. Er wird eine Realität erschaffen oder sich vorstellen, die der Wahrheit viel näherliegt, als ihm bewußt ist. Du kannst so oft fragen, „Wer ist da?", bis dein Klient dir einen Namen nennt, der nicht sein eigener ist. Dann kannst du so fortfahren, wie die Beispiele in diesem Buch es zeigen. Denk daran, dich nicht in die Illusion der physischen Realität einfangen zu lassen.

Für die Arbeit mit diesen verlorenen Seelen ist viel Mitgefühl und Einfühlungsvermögen vonnöten. Man kann mit einem leidenden Wesen Mitgefühl haben, ohne die Gültigkeit der Illusion ihrer Erfahrung zu akzeptieren. Ihr Erleben ist real. Ihre Gefühle sind real. Alle physische Realität ist jedoch letztlich eine Illusion, und in Wirklichkeit geht es um etwas ganz anderes, als es den Anschein hat. Wenn du also mit diesen verlorenen Seelen arbeitest, solltest du dich daran erinnern, daß alle physische Realität eine Illusion ist. Die einzige Wahrheit ist Liebe. Wenn du diese verlorenen Seelen mit Liebe und Mitgefühl behandelst, wird Heilung stattfinden. Wir vertrauen dir. Du kannst dir selbst vertrauen.

* * *

Verlorene Seelen müssen daran erinnert werden, daß sie nicht der Körper sind, den sie verlassen haben. Sie müssen wissen, daß sie ins Licht gehen müssen, um von der emotionalen Not befreit zu werden, die sie mit sich herumtragen. Manche von ihnen haben sich aus Angst versteckt. Manche hegen Groll oder sind traurig. Andere sind wütend über ihren Tod oder die Umstände ihres Todes. All das kann aufgelöst werden. Sie müssen in Gottes Licht gehen, um diese Gefühle loszuwerden. Du kannst sie darin unterstützen, indem du ihnen ermöglichst, ihre Gefühle auszudrücken, bevor sie gehen. Sie tun das vielleicht nur widerstrebend. Je mehr du sie dazu bringen kannst, mit dir zu sprechen, desto erlöster werden sie sich fühlen. Das ist jedoch nicht immer möglich. Manchmal weigern sie sich zu sprechen. Diese nicht-sprechenden Energien können jedoch in derselben Weise befreit werden wie die, die dich mit ihnen sprechen und ihnen zuhören ließen. Die, die nicht sprechen, brauchen jedoch mehr Einfühlungsvermögen von deiner Seite. Du mußt mit ihnen sprechen und merken, wann ihre Energie den Wirt vollständig verlassen hat. Wir werden dir helfen. Du kannst uns rufen. Ich bin Andon von der himmlischen Gruppe, die die Elohim genannt werden. Unsere Aufgabe ist es, diesen Wesenheiten von den astralen Ebenen zu helfen, in die Einheit des Bewußtseins zurückzukehren, die das Licht Gottes genannt wird. Wir unterstützen auch jene Wesen, die zur Zeit ihres physischen Todes ihre physische Form verlassen und ins Licht gehen.

Du kannst uns rufen, wenn du einer verlorenen Seele hilfst, einen Körper oder einen Ort zu verlassen. Auch an Orten befinden sich verlorene Seelen, genauso wie in Kör-

pern. Diese sogenannten Geister gibt es häufiger, als du vielleicht weißt. Viele sogenannte Geister sind mit einer bestimmten Örtlichkeit verbunden, meist eine, an der sie sich aufgehalten haben, als sie in der Form waren. In ihrer Wahrnehmung besteht vielleicht die Realität so fort, wie sie war, als sie noch am Leben waren und an diesem Ort wohnten. Andere sogenannte Geister wandern durch die astralen Bereiche, und viele von ihnen suchen nach einem Tor zum Licht. Du kannst ihnen dieses Tor schaffen und sie heimschicken. Wir werden dir dabei helfen.

Alles, was du tun mußt, ist, eine Säule von weißem Licht zu visualisieren, die vom Gottesbewußtsein herunterkommt, und uns zu Hilfe rufen. Rufe dann die Energien der astralen Bereiche oder, wenn du einen Ort befreist, die sogenannten Geister. Wenn du telepathisch mit ihnen kommunizieren kannst, dann macht ihnen das das Gehen leichter. Viele dieser astralen Wesen möchten einfach erkannt und verstanden werden. Du kannst sie fragen, warum sie da sind. Du kannst verständnisvoll mit ihnen sprechen, wenn sie gehen.

Gelegentlich wirst du einem sogenannten Geist begegnen, der nicht gehen will. In diesem Falle mußt du mit ihm kommunizieren, bis er seine Gründe dafür voll ausgedrückt hat. Streite nicht mit ihm über seine Gründe. Denk daran, daß seine Wirklichkeit in seiner Wahrnehmung ganz richtig ist. Laß ihn sich einfach ausdrücken. Wenn du voll empfangen hast, was er mitteilen wollte, kannst du ihm sagen, daß er tot ist. Erinnere ihn daran, daß seine physische Form gestorben ist und daß er ins Licht gehen und heilen muß und daß er eine Familie und Freunde hat, die auf seine Heimkehr warten. Das stimmt. Sage der Wesenheit dann, daß sie sich einen anderen Körper wählen kann, wenn sie bereit ist, in die Form zurückzukehren. Gewöhnlich genügt das. Sie haben vielleicht eine Bitte an dich. Vielleicht ist es dir möglich, diese Bitte zu erfüllen, vielleicht auch nicht. Ein Kapitän zum Beispiel wollte nur, daß seine Pfeife auf das Kaminsims der Wohnung gelegt werden sollte, die er verlassen hatte, obwohl das nun schon hundert Jahre her war. Manche Bitten lassen sich erfüllen, andere nicht. Sage die Wahrheit, denn sie werden es merken. Hab keine Angst. Astrale Energien waren einst Menschen wie du. Sie haben Emotionen und Gefühle wie du. Du kannst verständnisvoll auf sie eingehen wie auf einen Freund. Es ist eine Gelegenheit für dich, das Mitgefühl und die bedingungslose Liebe zu entwickeln, die du an anderen Heilern und Lehrern in der Vergangenheit bewundert hast. Denk daran, du bist nicht allein. Wir sind bei dir. Lerne, unsre Energie wahrzunehmen, und wir werden dich führen.

* * *

Diese sogenannten verlorenen Seelen, ob sie nun im Körper eines anderen Menschen oder an eine bestimmte Örtlichkeit gebunden sind, müssen erlöst werden und in den Ozean allen Bewußtseins zurückkehren, den wir Gott nennen. Sie müssen die Illusion loslassen, daß sie die Persönlichkeit, die Geschichte und die Emotionen ihrer letzten Inkarnation sind. Solche Energien können über mehrere Generationen von irdischer Zeit hinweg an die Geschichte ihrer letzten Inkarnation gebunden bleiben. Sie hatten vielleicht in einer früheren Inkarnation etwas mit dem Wirt zu tun. Vielleicht waren sie in einem früheren Leben ein geliebter Mensch, ein Kind oder ein Feind des Wirtes. In diesem Falle ist es für den Wirt sehr schwierig, sie loszulassen. Vielleicht war es ein geliebter Mensch, und es wurde das Versprechen gegeben, sich niemals zu trennen. Ohne sich dessen bewußt zu sein, lösen sie dieses Versprechen ein. Ein solches geliebtes Wesen loszulassen, ist gefühlsmäßig oft ein schwerer Verlust. Ebenso kann zwischen den beiden eine alte Feindschaft bestehen, und sie müssen diese Feindschaft aufgeben und sich gegenseitig verzeihen, bevor die Wesenheit aus dem Wirt befreit werden kann. Das braucht viel Einfühlungsvermögen von seiten dessen, der das Clearing durchführt. Du darfst dich nicht von der Illusion irgendeiner Inkarnation einfangen lassen. Denk daran, daß das Versprechen, zu lieben, ebenso illusionär ist wie das Versprechen, zu hassen. Beides sind Emotionen, die an die Umstände des bestimmten Lebens gebunden sind; beide binden an die Illusion. Liebe ist nicht an eine Geschichte gebunden. Liebe fordert nichts, strebt nach nichts, braucht nichts. Sie ist *einfach. Das ist alles, was man zu wissen braucht. Wir sprechen von der Art von Liebe, die Festhalten bedeutet. Diese Art von Festhalten sagt: „Ich brauche dich; deshalb liebe ich dich." Das ist keine Liebe. Das ist Illusion. Es ist Festhalten. Es kann sehr romantisch sein; es ist jedoch nicht die Wahrheit. Man hält nicht an etwas fest, was man wirklich liebt. Liebe ist befreiend. Wenn du wirklich liebst, wirst du loslassen. Liebe soll jedes Wesen auf seinem Weg befreien und bestärken. Liebe soll nicht ersticken oder den anderen von der Erfüllung seines Schicksals als freier Handelnder in Gottes Universum zurückhalten. Laß dich nicht von der Illusion einfangen, ganz gleich, wie romantisch sie sein mag.*

Ebenso mußt du daran denken, daß auch Haß und Groll illusionär sind. Sie bilden dieselbe Art von Verbindung wie romantische Liebe. Denk daran, daß alle Umstände letztlich Illusion sind. Deshalb mußt du, sogar wenn du die Geschichte hörst und das Gefühl hast, daß sie einen Grund für ihren Groll haben, daran denken, daß beide Wesen allen Umständen zugestimmt haben, die sie betrafen. Es gibt keine Opfer in Gottes Universum. Aller restliche Groll muß also als die Illusion, die er in Wahrheit ist, losgelassen werden. Der Wirt und die Wesenheit müssen sich vielleicht gegenseitig verzeihen. Das ist ein Zwischenschritt zwischen der Realität der Illusion und der Illusion der Realität. Das heißt, daß in Wahrheit keine Notwendigkeit besteht, zu verzeihen, da jede Handlung die Einwilligung aller Beteiligten hat, bevor sie geschieht. Auf der Ebene der Illusion hat Vergebung jedoch eine Gültigkeit. Innerhalb der Illusion fühlt es sich so an, als ob man verletzt, schlecht behandelt oder betrogen wurde, und auf dieser Ebene der Realität ist Vergebung ein gutes Mittel, um zuerst den Groll loszulassen und dann die Illusion, in der dieser Groll gedeihen konnte. Mache Illusionen nicht real. Wie bewegend oder rührend sie auch sein mögen – alle Geschichten sind letztlich Illusionen, die die Wesen geschaffen haben, um etwas zu erfahren und zu lernen, was weit jenseits des Anscheins der Geschichte liegt.

* * *

Dieses Buch ist dazu gedacht, dich mit der Tatsache, daß es verlorene Seelen gibt, vertraut zu machen. Diese Wesen sind in einer Vorhölle gefangen. Sie brauchen deine Unterstützung, um zum Licht zurückzufinden. Du bist dir dessen jetzt bewußt. Jetzt ist es an dir, dieses Bewußtsein bei passender Gelegenheit einzusetzen. Das gilt sowohl für professionelle Heiler wie auch für Laien. Vertraue dir. Zögere nicht, diese gefangenen Energien zu befreien, wo du sie findest. Es ist für deinen Planeten notwendig. Die Klienten oder Freunde, die verlorene Seelen in sich tragen, können nicht mit ihrem eigenen geistigen Kern in Berührung kommen, solange sie andere Wesenheiten in sich haben. Es ist deshalb äußerst nutzbringend, wenn sie in dieser Zeit des Erwachens auf eurem Planeten von allen anderen Energien befreit werden, die sie vielleicht in sich haben. Die Auswirkungen, die diese Befreiung im geistigen Bereich hat, sind noch gewichtiger als die emotionalen und körperlichen Auswirkungen auf die Gesundheit des Betreffenden, und diese sind groß. Es ist eine sehr wichtige Arbeit für den Einzelnen und für die Erde.

Eure Erde ist tatsächlich am Ersticken. Der Astralkörper der Erde ist so von Wesenheiten verstopft, die noch an ihre Form gebunden sind, daß die Erde kaum atmen kann. Alle Wesen müssen schließlich ins Licht gehen. Diese Wesen müssen bald ins Licht, wenn die Erde überleben soll. Du kannst deinen Teil dazu beitragen, die Verstopfung in den Astralebenen, die die Erde umgeben, zu beseitigen. Auf diese Weise kannst du zu der Bewußtseinsveränderung beitragen, die in den Individuen und auch in dem Planeten (Kiya) selbst stattfindet. Dies ist gesegnete Arbeit. Wir danken dir für deine Mithilfe bei dieser heiligen Aufgabe.

* * *

Diese Wesen, die aus der Illusion der physischen Realität erlöst werden, werden auch aus der Verhaftung, die sie an die Illusion ihrer vorangegangenen Identität als Mensch gebunden hielt, befreit. Sie sind dann frei, auf dem Weg ihrer eigenen Evolution voranzuschreiten. Sie sind von der Gebundenheit an die physische Form und die mit dieser Form verbundene Geschichte befreit. Sie sind dann frei, sich zu entwickeln, ihr Bewußtsein von dem, was sie sind, auf höhere Ebenen der Existenz zu bringen, auf denen ihr Wesen existiert. Menschsein ist nur ein *Ausdruck der Energie eines Wesens. Ihr seid multidimensional wie wir. Wir existieren auf vielen Ebenen der Realität. Euer bewußtes Denken identifiziert sich nur mit der physischen Realität, weil das meist die einzige Realität ist, die das bewußte Denken wahrnimmt. In dem Maße, wie ihr aufwacht, in dem Maße, wie ihr beginnt, die Verantwortung für eure eigene Göttlichkeit zu übernehmen, werdet ihr erkennen, daß ihr auf vielen, vielen Ebenen gleichzeitig existiert. Zeit ist tatsächlich eine Illusion. Alles existiert gleichzeitig. Die lineare Zeit wurde von uns allen ersonnen, um die physische Realität erfahren zu können. Die Haupteigenschaft physischer Realität ist die Fortdauer. Deshalb war es notwendig, Zeit zu erschaffen – Vergangenheit, Gegenwart und Zukunft zu erschaffen – als Vorbedingung für das Erleben physischer Realität oder, wie man auch sagen könnte, um Fortdauer erleben zu können. Physische Realität existiert durch die Zeit. Das ist ihre Grundeigenschaft. Deshalb erschufen wir alle das Konstrukt, das man Zeit nennt, um die physische Realität zu erfahren. Die physische Realität ist jedoch nur eine kleine Facette all dessen, was ist. Dein bewußtes Denken beginnt, die Wahrheit zu akzeptieren, daß andere Realitäten existieren und daß du dich mit diesen Realitäten verbinden kannst. Zumindest beginnst du zu merken, daß du die Wahl hast, dich mit anderen Dimensionen der Realität zu verbinden als mit der, die du mit deinem sogenannten täglichen Leben verbindest. Für die Arbeit mit verlorenen Seelen ist es wichtig, daß du erkennst, daß du auf vielen anderen Ebenen existierst und mit dem universellen Bewußtsein eins bist. Auf diese Weise kannst du bei deiner Arbeit mit astralen Energien geführt werden. Du kannst etwas entwickeln, was du vielleicht Intuition nennst. Vielleicht willst du deine Intuition auch lieber Führung nennen. Du bist viel mehr als deine Persönlichkeit, deine Urteile und deine Gedanken. Diese Arbeit wird deinem bewußten Denken die Wahrheit deines eigenen multidimensionalen Seins zu zeigen beginnen. Sie ist daher nicht nur ein Geschenk für den Wirtsmenschen und für die astrale Wesenheit, die aus diesem Wirt befreit wird. Sie ist auch ein Geschenk für dich. Sie wird deine Erfahrung von dem, was du bist, erweitern. Du bist göttliche Energie, die in Form manifestiert ist. Du hast die Macht, zu heilen. Es ist jedoch nicht deine Persönlichkeit oder dein Intellekt, der heilt. Wenn du dir gestattest, ein Kanal für Gottes Liebe und Gottes Licht zu sein, kannst du gesegnet werden, und es kann dir erlaubt werden, an der Heilung eines Mit-Funkens Gottes mitzuwirken. Diese Arbeit wird dich auf deinem Weg zur Erkenntnis deines wahren Selbstes voranbringen. Wir beglückwünschen dich zu deiner Liebe. Wir freuen uns über deinen Mut. Wir erinnern dich daran, daß wir diese Arbeit mit dir zusammen tun, so wie du letztlich mit uns zusammenarbeitest. Vielen Dank.*

Rhea Powers

arbeitet seit 1978 als Past Life-Therapeutin und Rebirtherin in USA und zunehmend auch in Europa. Sie stellt sich als Mittlerin zu höheren Bewußtseinsebenen zur Verfügung — so ist zum Beispiel dieses Buch entstanden; und sie ist in der Lage, Menschen von fremden, negativ wirkenden Energien zu befreien. Man nennt das *Clearing.*

Darüberhinaus bildet Rhea zusammen mit ihrem Mann Prana andere spirituelle Lehrer aus, um das Netzwerk der internationalen Gruppe von *Lichtarbeitern* zu verstärken.

Ihre vielseitige, segensreiche Tätigkeit dient dem Zweck, anderen dabei zu helfen, sich als das *wieder*zuerkennen, was sie schon immer waren: Spirit, manifestiert in Form.

Für weitere Informationen über Rheas Arbeit in Europa wende man sich bitte an folgende Adresse

Rhea Powers
Kumara Connection Association
Waltikon 14
CH-8126 Zumikon
Tel./Fax: 0041.1.9181.552

Rhea Powers

Aufruf an die Lichtarbeiter

Am
Anfang
war das
Wort, und
das Wort war
bei Gott, und das
Wort war Gott, und
an jenem Anfang er-
schufen wir uns alle selbst,
und wir erschufen ein Spiel.
Die Erde ist Teil des Spiels, das
wir geschaffen haben, und auf dem
Planeten Erde sind diejenigen von uns,
die das Spiel des Bewußtseinswandels
gewählt haben, das Spiel der Spiritualität.
Vielleicht bist *du* einer dieser Menschen, eines
der Mitglieder unseres Teams, das hierher auf die
Erde kam, um sie zu erwecken, um das Bewußtsein
der Wesen auf diesem Planeten zu wecken, damit sie
wissen, wer sie sind. Es ist jetzt an der Zeit für dich, zu
wissen, wer *du* bist.

ISBN 3-924161-06-2

Rhea Powers

Zeit zur Freude

— über das eigene Selbst —

über die Wahrheit unseres Gottseins
über unser Einssein, unsere Brüderlichkeit
und die Feier des Lebens auf unserem Planeten

Einleitung:

„Du bist ein Lichtarbeiter. Deine Mission auf der Erde ist, Licht zu verbreiten. Deine Mission auf Erden ist es, Freude zu bringen und Feiern. Du bist hier, um ein Teil der Vollendung des Prinzips der Dualität zu sein. Du bist hier, um das Licht in die Herzen anderer zu bringen. Wir auf dem Planeten Venus und Millionen anderer von uns vereinen unser Bewußtsein mit dem euren, um das Übel auf der Erde zu Ende zu bringen. Es ist Zeit für uns alle, schnell vorwärts zu gehen. Der Wechsel naht. Mit deiner Hilfe kann die Zerstörung des Planeten abgewandt werden. Mit deiner Hilfe kann die Reinigung eine des Bewußtseins sein und nicht eine der physischen Zerstörung. In diesem Buch wollen wir die Dimensionen dessen erforschen, wer du bist. In diesem Buch wirst du dein wahres Selbst entdecken.

Wir sind mit dir.“

ISBN 3-924161-07-0